독서는
질문이다

독서는 질문이다

초판 1쇄 발행일 2017년 11월 2일

지은이 채명식·백승욱·이석규
펴낸이 이원중

펴낸곳 지성사 **출판등록일** 1993년 12월 9일 등록번호 제10 - 916호
주소 (03408) 서울시 은평구 진흥로 1길 4, 2층
전화 (02) 335 - 5494 **팩스** (02) 335 - 5496
홈페이지 지성사. 한국 | www.jisungsa.co.kr **이메일** jisungsa@hanmail.net

ⓒ 채명식·백승욱·이석규, 2017

ISBN 978-89-7889-343-5 (43370)

「이 도서의 국립중앙도서관 출판예정도서목록(CIP)은 서지정보유통지원시스템 홈페이지(http://seoji.nl.go.kr)와 국가자료공동목록시스템(http://www.nl.go.kr/kolisnet)에서 이용하실 수 있습니다.(CIP제어번호: CIP2017027599)」

독서는
질문이다

강남대성학원 국어과

채명식 · 백승욱 · 이석규 지음

지성사

대학수학능력시험이라는 말을 들어 보았죠? 강남대성학원이라는 말도 들어 보았나요? 이 책의 공동 저자인 채명식·백승욱·이석규 선생님은 모두 강남대성학원 국어과 교수예요. 국어영역을 가르쳐요. 강남대성학원은 고3 때 SKY 대학이나 의대에 합격하지 못한 학생들을 1년 후 합격시키는 학원으로 대한민국에서 가장 유명한 사교육 기관이에요.

대학수학능력 시험인 국어영역은 대한민국 입시 역사상 가장 수준 높은 문제 출제 방식이에요. 모든 문제가 원리에 의해 질문(발문)이 이루어지고, 모든 선지(① ~ ⑤)가 원리에 의해 작성된 매우 객관적인 시험이에요. 독서 책 사용법을 쓰면서 대학수학능력 시험을 예찬하니 좀 이상한가요? 맞아요. 참 좋은 의문이에요. 『독서는 질문이다』의 공동 저자들도 여러분처럼 '이상한 생각'으로 출발했어요.

대학수학능력 시험인 국어영역의 원리로 독서하면 어떨까?

역사가 질문으로 이루어진다는 것을 알고 있나요? 바로 그거예요. 좋은 질문으로 이루어져요. 대통령이 되는 일이든, 위대한 과학자가 되는 일이든, 수능 만점자가 되는 일이든, 모두 다 질문으로 첫발을 내딛는 거예요. 여러분이 이 책을 손에 쥐게 되는 일 같은 '첫발'이 국어 혹은 국어영역을 만점으로 만드는 거죠. 『독서는 질문이다』는 모든 책을 수능국어영역의 원리로 읽게 하는 책이니 까요. 수능국어영역의 원리가 뭐냐고요? 질문하는 방식으로 정리하면 이래요.

A 사실적 사고가 질문하는 방식

B 추론적 사고가 질문하는 방식

C 비판적 사고가 질문하는 방식

D 창의적 사고가 질문하는 방식

E 화법·작문·문법·어휘가 질문하는 방식

5가지 질문하는 방식으로 45문제를 출제하는 거예요. 좀 어려운가요? 당연히 어렵죠. 여러분 머리에 아직 개념이 명확하게 잡히지 않은 어휘가 사용되었을 테 니까요. 만점을 받기 위해서는 시험 문제가 사용하는 개념들과 도구들을 잘 알 아야 해요. 이렇게 바꿔볼게요.

A 글에서 '사실'과 '사실 아닌 것'을 구별할 수 있는가?

B '주어진 명제'로 '주어지지 않은 명제'를 끌어낼 수 있는가?

C '관점'을 통해 상대 견해의 타당성 여부를 판단할 수 있는가?

D '형식'을 바꾸어 놓아도 '내용'의 동일성을 이해할 수 있는가?

E 말을 말답게, 글을 글답게 하는 요소들을 정확히 이해하고 있는가?

국어를 도구 교과라고 부른다는 것을 알고 있나요? 도구 교과란 다른 모든 교 과를 가능하게 하는 바탕이 되는 교과라는 뜻이에요. 쉽게 말해서 국어를 잘 하 면 다른 교과목도 잘하게 된다는 거죠. 그러니 저 A ~ E가 얼마나 중요한 질문인지 잘 알겠죠? 이미 말했잖아요. 수능국어영역의 질문은 최고의 질문이라고요. 저 질문하는 방식은 직장 시험을 볼 때도, 취업하여 일을 할 때에도 필요해요. 가령, 검사가 법정에서 피고인을 대할 때 자주 사용하는 능력은 A ~ E 중 어느 것일까요? 그렇죠. A예요. 이렇게 말하잖아요.

검사 : 피고인은 "예", "아니오"만으로 대답하세요.

검사가 저렇게 말하면, 영화를 보면서도 좀 긴장되지요? 하하하. 검사는 팩트 체크하고 있는 거예요. 검사에게 정말로 필요한 능력은 B죠. 검사의 추리는 가설 추리라고 해요. 범죄의 증거들로부터 범죄자가 누군지를 끌어내야 하니까요. 검사의 추리가 맞다면 가설이 성립하는 거죠. "그가 범인이다!"라고 외치게 된다고요. 가설 추리 전엔 반드시 팩트 체크고요. '팩트 체크?' 그래요. 『독서는 질문이다』의 1단계 공부죠. A ~ E는 『독서는 질문이다』에서 이렇게 훈련시켜요.

A 글에서 '사실'과 '사실 아닌 것'을 구별할 수 있는가?　　　FACT CHECK

B '주어진 명제'로 '주어지지 않은 명제'를 끌어낼 수 있는가?　**추리와 논증**　**이해와 분석**

C '관점'을 통해 상대 견해의 타당성 여부를 판단할 수 있는가?　**추리와 논증**

D '형식'을 바꾸어 놓아도 '내용'의 동일성을 이해할 수 있는가?　**창의와 사고**

E 말을 말답게, 글을 글답게 하는 요소들을 정확히 이해하고 있는가? **주제와 표현**

수능 국어영역의 5가지 질문을 잘 익히면 아무리 어려운 책이라 할지라도 잘 이해할 수 있어요. 아니, 꿰뚫어볼 수 있는 안목이 생겨요.

그러니, 여러분!

지금 성적이 잘 나오지 않는다고 걱정하지 말아요. 어쩌면 저 5가지 질문 원리를 잘 이해하지 못해서 그런 것일 수 있어요. 원리는 공식 같은 거예요. 게임의 규칙이죠. 공식 때문에, 아무리 어려운 수학 문제도 답을 구할 수 있고, 규칙 때문에 아무리 복잡한 게임에서도 누군가는 게임왕이 되는 거죠.

『독서는 질문이다』 = 독서는 저자가 질문하는 방식을 아는 일이다
= 독서를 통해 저자의 질문에 답변하는 일이다
= 독서하면서 수능이 질문하는 방식을 배우는 일이다

그러므로 자, 함께 시작해 봐요.

독서는 질문이다!!!

※ 추신

"내가 더 멀리 보았다면 이는 거인들의 어깨 위에 올라서 있었기 때문이다"라고 뉴턴은 말했습니다. 『독서는 질문이다』도 거인들의 어깨 위에 올라서 있었기 때문에 10대 독자들에게 던져야 하는 좋은 질문들이 잘 보였습니다. 국내외의 저자님들과 출판사(그린비, 탑, 한국경제신문, 지성사, 철수와영희, 다른) 대표님들께서 '빌려주신 어깨'가 참 좋았습니다. 다시 한 번 감사드립니다.

『독서는 질문이다』의 저자 3인을 대표하여 채명식이 썼습니다.

차 례

들어가는 글 _4

우리가 살고 싶은 나라

진태원 엮음

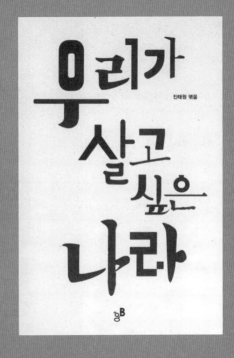

preview

이 책은 대통령 박근혜를 파면한 이후에 나왔다. 바로 이 시점 때문에 '우리가 살고 싶은 나라'에 대한 희망이 그 어느 때보다 기대 가득하다. 아울러 이 책은 복지, 정치, 사회, 한미 관계, 한국현대사, 비정규직 등 오늘날 대한민국이 직면한 과제들에 대해 진지한 성찰을 보여준다. (그린비 펴냄, 2017년)

사실적 사고

1. 2014년 통계에 의하면 빈곤층이 얼마나 가난한지를 보여주는 빈곤갭은 OECD 국가들 중 한국이 세 번째로 높다. (○ , ×) (24쪽)

2. "대통령이라는 직함을 가진 신사가 자전거 꽁무니에 막걸리병을 싣고 삼십 리 시골길 시인의 집을 놀러가더란다"라는 시구는 시인 신동엽이 쓴 것이다. (○ , ×) (31쪽)

3. 2015 OECD의 삶의 질 지수에 의하면, 문제가 있을 때 도움을 요청할 친구나 친척, 이웃이 있느냐는 문항에서 한국은 최하위를 기록했다. (○ , ×) (38쪽)

4. 2015년 9월 3일 베이징에서 열린 '중국 인민 항일전쟁 및 세계 반파시스트전쟁 승전 70주년' 기념 행사에 박근혜 대통령이 참석했다. (○ , ×) (44쪽)

5. 최근 국민대통합위원회의 조사에 의하면 한국 사회에 대해 응답자들의 35퍼센트는 경쟁사회, 18.4퍼센트는 양극화사회, 1퍼센트는 공정사회·평등사회라

고 답했다. (○ , ×) (51쪽)

6. 진보도시라는 용어가 본격적으로 사용된 것은 1890년대 말, 1900년대 초 미
   국에서다. (○ , ×) (63쪽)

7. 화쟁은 원효 대사의 고유 용어다 (○ , ×) (68쪽)

8. 독일은 재생 가능에너지와 관련된 일자리 36만 개를 만들어낸 업적을 이루었
   다. (○ , ×) (81쪽)

9. 에드워드 사이드는 미국 출신 문학비평가로 『문화와 제국주의』라는 책을 썼
   다. (○ , ×) (16쪽)

10. '서울대 → 연세대 → 고려대 → 서강대 → 성균관대 → 한양대'로 이어지는
    순서는 한국 대학이 서열화되어 있음을 보여주는 사례다. (○ , ×) (102쪽)

WORD 이해와 분석

■ 선생님의 질문에 답한 뒤, 어휘의 의미를 파악해 보자.

1. 역지사지(易地思之)

한미관계를 이해하고자 할 때, 우리는 "우리에게 미국은 무엇인가?"라는 질문을 던진다. 그렇지만 관점을 바꾸어 "미국에게 한국은 무엇인가?"라는 질문을 던질 수도 있다. 이것은 역지사지를 통해 지피지기할 수 있는 방법이다. (45쪽-15행)

＊지피지기 : 적의 사정과 나의 사정을 자세히 앎.

① '역지사지'와 유의관계인 구절은?

역지사지 ≒ [   ]

② '역지사지'의 결과에 해당하는 어휘는?

역지사지 → [   ]

역지사지란   라는 뜻입니다.

2. 독선적(獨善的)

지금 우리 사회에서 필요한 것은 '나의 옳음'만 주장하고 '타인의 그름'만 반복적으로 지적하는 독선적 정의감이 아니다. (70쪽-13행)

① '독선적'과 유의관계인 구절은?

　　독선적 ≒ [　　　　　　　　　　　　　　]

② '정의'의 유의관계인 어휘는?

　　정의 ≒ [　　　　　　　　　　　]

　　독선적이란　　　　　　　　　　　라는 뜻입니다.

3. 전유(專有)

소유 권리는 경쟁을 통해 획득하게 된 자의 전유 권리이어서는 안 된다. 경쟁을 통해 획득하게 된 자가 혼자 일한 것이 아니라 함께 일한 것이라면, 그것은 함께 일한 자 모두의 집단적 권리여야 한다. (75쪽-7행)

① 지문의 말을 이용하여 '전유'와 유의관계인 구절을 만들면?

　　전유 ≒ [　　　　　　　　　　　]

② '전유'와 반의관계인 구절은?

　　전유 ↔ [　　　　　　　　　　　]

　　전유란　　　　　　　　　　　라는 뜻입니다.

4. 배후

인권 침해 현장에는 가해자와 피해자라는 구체적인 원인 사건과 결과 사건이 있다. 그러나 인권 침해 사건의 배후에는 개별 인권 침해 사건을 생산해낸 뿌리 깊은 인권 침해의 역사가 자리한다. (93쪽-16행)

① '배후'와 유의관계인 구절은?

배후 ≒ [   ]

② '결과 사건'이 개별인권 침해 사건이라면, '원인 사건'에 해당하는 것은?

원인 사건 = [   ]

배후란   라는 뜻입니다.

5. 공분(共憤)

공분은 '변혁의 힘'이다. 공분이 사회변혁의 동력이었음은 수많은 역사 사례가 증명하고 있다. 그러나 개별적 분노가 공분으로 결집되는 것은 그리 쉬운 일이 아니다. (94쪽-10행)

① '공분'과 반의관계인 구절은?

공분 ↔ [   ]

② '공분'의 결과에 해당하는 것은?

공분 → [   ]

공분이란   라는 뜻입니다.

6. 전관예우(前官禮遇)

　　전관이란 전직(前職) 관리의 뜻이며, 예우란 예의를 갖추어 대우한다는 뜻이다. 판, 검사를 하다가 그만두면 변호사를 하게 되는데, 그만둔 판·검사의 자리는 후배가 차지하게 된다. 이러한 경우, 판사나 검사는 변호사의 후배이기 때문에 일정 기간 예우를 해주는 것이 관례였다. 이를 전관예우라 한다. 폐단이 많은 관례여서 점차 법으로 제한하는 추세이다. (124쪽-14행)

 ① '전관'의 정의항에 해당하는 구절은?

　　전관 = [　　　　　　　　　　　　　　]

② '예우'의 정의항에 해당하는 구절은?

　　예우 = [　　　　　　　　　　]

　　전관예우란 　　　　　　　　　　 라는 뜻입니다.

THINKING 추리와 논증

■ 선생님의 설명을 듣고, [A~G]를 채워 보자.

1.

내가 '주체'임을 자각하고 요구할 줄 아는 것, 이것이 권리다. 우월한 위치에서
은혜를 베푸는 것, 이것이 시혜다. 아무리 힘이 약해도, 아무리 열악한 처지에 있
어도 "나에게는 인간으로서 당당히 요구할 자격이 있다"라는 권리 의식에 눈뜬
사람은 그 자체로 존엄하다. 호의는 베풀 수 있어도 권리는 인정하기 싫은 이들
은 사회적 소수자가 자신들이 베푸는 호의를 [A]로 여기는 것을 두려워한다.
(95쪽)

① '사회적 소수자'와 유의관계인 구절은?

사회적 소수자 ≒ [   ]

② '은혜를 베푸는 것'과 유의관계인 구절은?

은혜를 베푸는 것 ≒ [   ]

③ A = [   ]

2.

1970년대까지는 '대학 혹은 학과'를 중시하는 대학교 특성화가 유지되었다. 공대는 한양대학교, 미대는 홍익대학교, 축산학과는 건국대학교 등으로 손꼽는 경향이 바로 대학교 특성화의 대표적인 예라 할 수 있다. 이들 대학 혹은 학과에 속한 학생들의 경우 자기 자신을 '일류'라고 여겼다. 심지어는 서울대학교의 주변 학과보다 더 낫다고 자부했다.

대학 특성화가 사라지고 대학 단위나 학과 단위가 아닌 대학교 단위로 순위를 계산하는 대학교 [B]가 이루어진 것은 대학종합평가 때문이다. 2002년부터 시작된 대학종합평가는 그 결과가 언론에 공개되면서 점수 순서에 의한 대학교 서열화를 낳았다. 학생들이 저마다 동일한 순서로 외우고 있는 '서연고 서성한 중경외시'가 그것이다. (102쪽)

① '특성화'와 반대관계에 해당하는 어휘는?

특성화 ↔ [   ]

② '서열'과 유의관계인 어휘는?

서열 ≒ [   ]

③ B = [   ]

3.

　안보와 평화에는 교집합과 차집합이 있다. 특히 우리나라의 현실에선 그렇다. 안보와 평화 모두 '전쟁 부재의 상황'을 선호한다. 이게 교집합이다. 하지만 차집합도 존재한다. 안보 중심의 접근에선 강력한 군사력을 바탕으로 전쟁 억제를 추구한다. 억제에 실패하면 승전과 무력 통일을 추구한다. 반면 평화 중심의 접근에선 남북한의 화해와 협력, 군사적 긴장 완화와 군비 통제, 그리고 비핵화와 평화 체제 구축, 더 나아가 평화적 통일을 추구한다. 그러므로 평화에 대한 안보의 차집합은 [C]다. (110쪽)

　① '안보와 평화의 교집합'에 해당하는 구절은?

　　안보와 평화의 교집합 = [　　　　　　　　　　　　]

　② '안보에 대한 평화의 차집합'에 해당하는 구절은?

　　안보에 대한 평화의 차집합 = [　　　　　　　　　　　]

　③ C = [　　　　　　　　　　　　　　]

4.

　한국에선 [D] 바깥의 지역이 모두 지방이라 불린다. D의 여집합이 지방인 셈이다. 여집합이란 "부분 집합과 전체 집합의 관계에 있는 두 집합 A와 U에서 전체 집합 U의 원소로서 부분 집합 A에 포함되지 않는 원소 전체로 이루어진 집합"을 말한다. 지방은 후진성, 편협성, 특수성 등과 같은 주변성으로 인식된다. (64쪽)

① '지방'에 대한 가치 평가에 해당하는 구절은?

　지방에 대한 가치 평가 = [　　　　　　　　　　　　　]

② '여집합'의 정의항에 해당하는 것은?

　여집합의 정의항 = [　　　　　　　　　　　　　]

③ D = [　　　　　　　　　　　　　]

5.

　정성을 표시할 마음이 있다면 이를 표현할 방법을 고심할 수는 있겠지만, 돈이 없어서 선물을 못하는 것은 이제 더 이상 걱정하지 않아도 된다. 비싸지는 않더라도 정성이 깃든 선물이나 대접을 하는 것이 바로 미풍양속이다. 반면에 주는 사람이 금액으로 성의 표시를 해야 한다면, 이는 많은 경우에 반대급부를 기대하는 것으로 볼 수 있기에 선물이라기보다는 뇌물에 가깝다. 이처럼 [E]에 해당하는 부정한 관행을 없애려는 것이 바로 '김영란법'의 취지다. (124쪽 변형)

*반대급부 : 어떤 일에 대응하여 얻게 되는 이익.
*취지 : 어떤 일의 근본이 되는 목적이나 긴요한 뜻.

① 선물과 대립하는 가치를 갖는 어휘는?

　선물 ↔ [　　　　　　　　　　　]

② 선물의 목적과 반대인 구절은?

　상대에게 정성을 표시하다 ↔ [　　　　　　　　　　　]

③ E = [　　　　　　　　　　　]

6.

이정미 재판관이 낭독하였던 대통령 탄핵재판 판결문의 주문인, "피청구인 대통령 박근혜를 파면한다"라는 문장에는 [F]가 생략되어 있다. 파면을 결정하는 주체가 명시되어 있지 않은 것이다. 주문(主文)이란 판결문의 결론을 말한다. (198쪽)

헌법재판소 결정

사　　　건　　2016헌나1 대통령(박근혜) 탄핵
청　구　인　　국회
　　　　　　　소추위원 국회 법제사법위원회 위원장
　　　　　　　대리인 명단은 별지와 같음
피　청　구　인　대통령 박근혜
　　　　　　　대리인 명단은 별지와 같음
선　고　일　시　2017. 3. 10. 11 : 21

주　　문
피청구인 대통령 박근혜를 파면한다.

① '주문'의 정의항에 해당하는 구절은?

　　주문 = [　　　　　　　　　　　　　]

② '주문'의 내용에 해당하는 구절은?

　　주문의 내용 = [　　　　　　　　　　]

③ F = [　　　　　　　　　　　　　　　]

7.

인간은 "같은 값이면 다홍치마"를 택할 뿐만 아니라, 어떤 경우에는 훨씬 더 비싸더라도 다홍치마를 취한다. 잠시 후에 먹을 떡을 형형색색 빚고, 의식주에 아무런 쓸모도 없는 장미꽃을 애써 가꾼다. 먼 나라까지 가서 외딴 곳의 미술관을 찾아가고, 산더미처럼 쌓여 있는 할 일을 미뤄놓고 음악회에 간다. 인간의 미감(美感)은 감각에서 발달하지만 정신적 흡족 때문에 적극적으로 추구된다. 인간의 삶에서 이러한 미적 활동은 부수적인 것이 아니라 본질적이라 해야 할 것이다. 이처럼 인간은 효율적으로 일하고자 하지만, 때로는 [G]을 위해 효율성을 뒤로 미룬다. (198쪽 변형)

＊형형색색 : 형상과 빛깔 따위가 서로 다른 여러 가지.

① "인간은 같은 값이면 다홍치마를 택한다"라는 문장의 전제는?

[   ]

→ 인간은 같은 값이면 다홍치마를 택한다.

② "인간은 훨씬 더 비싸더라도 다홍치마를 취한다"라는 문장의 전제는 ?

[   ]

→ 인간은 훨씬 더 비싸더라도 다홍치마를 취한다.

③ G = [   ]

1.

[   ]를 채워 보자.

보기

법조인 집단의 병폐 중의 하나로 연고주의를 흔히 든다. 법조인 인맥지수 계산법에 의하면, 인맥지수란 고교, 대학, 연수원, 근무처 등의 공통점과 차이점을 바탕으로 매긴 점수다. 공통 요소가 많으면 인맥지수가 높고, 차이 요소가 많으면 인맥 지수가 낮다. 변호사를 정할 때 인맥지수를 참고한다는 것은, 판사나 검사와 인맥지수가 높은 변호사를 선택할 경우 승소율이 높다는 것을 의미한다. 인맥지수와 변호사 승소율 사이에는 연고주의가 자리하고 있는 것이다.

전관예우 문제도 여기서 찾을 수 있다. 전관예우는 [   ]의 극단적 형태다. 판사와 검사에 영향을 미칠 수 있는 전관예우 변호사를 찾게 되면 무죄가 되거나 죄를 경감 받게 될 가능성이 높아지므로 '유전무죄 무전유죄'*라는 쓴소리가 나오는 것이다.

*유전무죄 무전유죄 : 돈이 있으면 무죄 판결 받고, 돈이 없으면 유죄 판결 받는다.

2.

〈보기〉는 박민규의 소설이다. 무엇을 이야기하고자 하는지 생각해 보자.

보기

6위 삼미 슈퍼스타즈   평범한 삶

5위 롯데 자이언츠   꽤 노력한 삶

4위 해태 타이거즈   무진장 노력한 삶

3위 MBC 청룡   눈코 뜰 새 없이 노력한 삶

2위 삼성 라이온즈   지랄에 가까울 정도로 노력한 삶

1위 OB 베어스   결국 허리가 부러져 못 일어날 만큼 노력한 삶

『삼미슈퍼스타즈의 마지막 팬클럽』126쪽, 박민규

 **주제와 표현**

1.

〈보기〉를 읽고, 홍경래가 느낀 사회에 대한 분노를 알기 쉽게 써보자. (200자)

조건1 : '개인적 분노'와 '집단적 분노' 중 한 쪽을 선택한 뒤, 분노의 내용에 대해 서술할 것.

조건2 : 첫문장을 "〈보기〉의 홍경래가 느낀 분노는 ~적 분노다"로 할 것.

> **보기**
>
> 홍경래는 19세 때에 진사 시험을 보려고 상경했다. 당시 사회는 국정 농단* 세력이 오래 권력을 잡고 있으면서 부패하고 기강이 문란했다. 뇌물이 공공연하게 요구되고, 벼슬 또한 뇌물을 바쳐 얻어내고 있었다. 게다가 세도가 자제들의 경우에는 이들만을 뽑기 위해 불시에 별시과를 마련하는 등의 특별 대우를 했다. 그리하여 유치하고 우매한 자조차 합격하였고, 일단 벼슬길에 오르면 비록 학문이 없어도 벼슬이 높아지게 했다.
>
> 홍경래는 과거에 응시하였지만 합격하지 못했다. 합격자들을 알아보니 모두 귀족의 자제들이었다. 이에 그는 성난 눈에서 번갯불이 번쩍하였지만 어찌할 도리가 없이 다만 쓴웃음을 짓고 돌아왔다.
>
> *농단 : 권력을 쥐고 마음대로 함.

수능형 문제

※ 다음 글을 읽고 물음에 답하시오.

　고조선의 건국 시조로서의 단군을 인정할 수는 있지만, ㉠한 민족 전체의 공통 조상으로서의 단군을 받드는 것은 옳지 않다. 각 성씨의 족보를 보더라도 자기 조상이 중국으로부터 도래했다고 주장하는 귀화 성씨가 적지 않다. 또 한국의 토착 성씨인 김 씨나 박 씨를 보더라도 그 시조는 알에서 태어났지 단군의 후손임을 표방하지는 않는다. 이는 대부분의 족보가 처음 편찬된 조선 중기나 후기까지는 적어도 '단군'이라는 공통의 조상을 모신 단일 민족이라는 의식이 별로 없었다는 증거가 된다. 또 엄격한 신분제가 유지된 전통 사회에서 천민과 지배층이 같은 할아버지의 자손이라는 의식은 존재할 여지가 없다.

　공통된 조상으로부터 뻗어 나온 단일 민족이라는 의식이 처음 출현한 것은 우리 역사에서 아무리 올려 잡아도 구한말(舊韓末) 이상 거슬러 올라갈 수 없고,

이런 의식이 전 국민적으로 보편화된 것은 1960년대에 들어와서일 것이다.

제국주의에 의한 식민지 경험을 겪은 20세기에 단일 민족 의식은 민족의 단결을 고취하고, 신분 의식 타파에 기여하는 등 긍정적인 역할을 했다. 그래서 아직도 단일 민족을 내세우는 것의 순기능이 필요하다고 생각할지도 모른다. 그러나 이주노동자들보다 나은 대접을 받지 못하는 조선족 동포들의 처지를 보면, 그리고 출신에 따라 편을 가르고 차별하는 지역감정을 떠올리면, 같은 민족끼리 왜 이러나 하는 생각을 하게 된다. 갈라진 민족의 통일을 생각하면 우리는 한겨레라고 외치고 싶어진다. 그러나 지난 수십 년간 단일 민족임을 외쳐 왔지만 이런 문제들은 오히려 더 악화돼 왔다는 것을 기억할 필요가 있다.

이제 우리는 좀 다른 식으로 생각해야 한다. 같은 민족이기 때문에 차별해서는 안 된다는 논리는 유감스럽게도 다른 민족이라면 차별해도 괜찮다는 길을 열어 두고 있다. 하나의 민족, 하나의 조국, 하나의 언어를 강하게 내세운 나치 독일은 600여 만 명의 유대인 학살과 주변 국가에 대한 침략으로 나아갔다. 물론 이런 가능성들이 늘 현재화되는 것은 아니지만, 단일 민족을 강조하는 의식 속에는 분명 억압과 차별이라는 불관용이 숨어 있다.

1. 윗글에 대한 이해로 적절하지 <u>않은</u> 것은?
   ① 단군은 고조선의 건국 시조이다.
   ② 단일 민족 의식은 신분 제도를 강화한다.
   ③ 나치의 민족주의에는 인종 차별이라는 불관용이 숨어 있다.
   ④ 민족의 단결 의식을 고취하는 데 단일 민족 의식은 유용하다.
   ⑤ 단일 민족이라는 의식을 지나치게 강조하는 것은 바람직하지 않다.

2. ㉠의 근거로 적절하지 <u>않은</u> 것은?

① 조선족은 같은 민족인 데에도 국내에서 차별을 받는다.

② 단일 민족에 대한 의식은 구한말에 와서야 처음 생겼다.

③ 자기 조상이 중국으로부터 도래했다고 보는 성씨가 많다.

④ 토착 성씨들은 자기네들의 조상이 단군이라고 밝힌 바 없다.

⑤ 같은 조상의 후손이라는 의식이 조선의 천민과 지배층에게는 없었다.

3. 〈보기〉를 참고하여 윗글을 이해한 내용으로 적절하지 <u>않은</u> 것은?

인간의 이성적 사고는 동일성의 원리를 추구한다. 동일성의 원리란 같음을 강조하여 차이를 배제하는 경향이다. 동일성의 원리가 복잡하고 다양한 세계를 파악할 수 있게 한 것은 사실이다. 그러나 그 결과가 인간, 동물, 생물, 여성, 남성, 백인, 흑인 등과 같이 다양한 개체들을 분류할 수 있게 하는 지식만 탄생하게 한 것은 아니다. 대상의 개념을 정의하게 되면 그 정의에 속하는 개체들이 가진 복잡성과 차이는 없어지고 획일화된다. 그러나 정의된 개념에 포함되지 않는 다른 대상과의 차이는 훨씬 더 두드러지게 된다.

① '민족의식'이란 동일성의 원리 추구 과정에서 나온 것이군.

② 나치 독일이 '하나의 민족'을 내세운 것은 구성원의 획일화 효과를 노린 것이군.

③ '우리', '한겨레' 등도 개체인 사람들을 특정 집단으로 분류하고 규정하는 말이군.

④ '독일인'과 '유대인'이라는 분류는 독일인과 유대인 사이의 차이를 없애는 것이겠군.

⑤ 각각 다른 우리나라 사람들을 '민족'이라고 부르는 것은 동일성의 원리로 설명할 수 있군.

📝 서술형 문제

1. 〈보기〉를 읽고 A가 말하고자 하는 바가 무엇인지 쉽게 설명해 보자.

> 혼혈의 사전적 정의는 "서로 다른 인종이나 민족이 혼인을 통해 그 두 혈통이 혼합하는 것"이다. 혼혈의 반대어로는 순혈이 있다. A 혼혈이 차별적인 용어라는 근거는 순혈을 정의하는 방식에서 찾을 수 있다. 순혈이란, 문자 그대로, '순수한 혈통' 혹은 '순수한 피'를 말하고 있기 때문이다.

2. 윗글을 참고로 하여 〈보기〉의 '할머니'가 '제니'를 보는 시선을 쉽게 설명해 보자.

> 백인 혼혈아인 제니는 다섯 살이 되었어도 말을 못했다. 혼자 옷을 입는 것은 물론 숟가락질도 못해 밥을 떠넣어주면 한 귀로 주르르 흘렸다. 검둥이가 있을 때면 제니는 늘 치옥이의 방에 있었다.
> "짐승의 새끼야."
> 할머니는 어쩌다 문밖이나 베란다에 있는 제니를 보고 신기하다는 것 혹은 할머니가 제일 싫어하는, 털 가진 짐승을 볼 때의 혐오의 눈으로 보며 말했다. 나는 제니를 보는 할머니의 눈초리가 무서웠다.
>
> — 오정희, 『중국인 거리』

✏️ 어휘력

1. 밑줄 친 A~D의 뜻을 쉽게 설명해 보자.

- 그는 A <u>속이 검은</u> 사람임이 밝혀졌다.
- 그 선비는 B <u>푸른 꿈</u>을 안고 한양으로 향했다.
- 그녀의 생일을 C <u>까맣게</u> 잊고 있었다.
- 파산했다는 소식을 들으니 하늘이 D <u>노래졌다.</u>

이런 법이 어딨어?

니콜라 린트너 지음
이수영 옮김

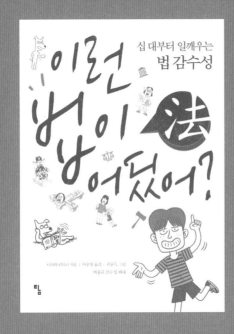

preview

이 책은 청소년들이 알고 싶어 하면서도 어려워하는 과목이자 지식인 법학을 알기 쉽게 서술하고 있다. 아울러 이 책은 법에 대한 기본 상식을 하나하나 친절하게 실제 판례 및 가상 판례를 활용하여 설명하고 있다. 독일 저자가 쓴 책이지만 우리나라 법에 대응시킴으로써 십 대의 법 감수성을 높이는 데 기여하고 있다. (탐 펴냄, 2015년)

사실적 사고

1. 유스티치아상은 저울 한쪽에 찬성하는 논거를, 다른 쪽에는 반대하는 논거를 올려보면, 저울이 그 결과를 보여줄 것이라는 의미가 담겨 있다. (○ , ×) (154쪽)

2. 공법과 사법의 중간적 성격을 띠는 법이 있는데 이를 사회법이라 한다. (○ , ×) (97쪽)

3. 한국 대법원의 재판에는 그 재판에 관여한 대법관의 의견을 표시하게 되어 있는데, 이 경우에 과반수의 의견이 되지 못하는 의견을 가리켜 소수의견이라 한다. (○ , ×) (112쪽)

4. 대한민국 헌법에는 미국처럼 선거인단을 통한 선거 규정이 있다. (○ , ×) (123쪽)

5. 대한민국에서는 하나의 사건으로 세 번까지 재판 받을 수 있다. (○ , ×) (141쪽)

6. 1심 판결에 불복하여 2심 판결에 판결을 청구하는 것을 항소라고 한다. (○ , ×) (139쪽)

7. 변호사가 의뢰인을 대신해 법률 행위와 사무 처리를 해주는 대가로 받는 돈을 수임료라고 한다. (○ , ×) (169쪽)

8. 국선변호인의 선임은 형사 사건에서만 이루어진다. (○ , ×) (172쪽)

9. 재판을 통해서 유죄 판결이 확정되어 판사가 형을 선고하기 전까지는 범죄자로 단정해서는 안 된다. (○ , ×) (180쪽)

10. 피의자가 징역형을 선고 받으면 미결구금기간도 실형에 포함해서 계산한다.
(○ , ×) (181쪽)

이해와 분석

■ 선생님의 질문에 답한 뒤, 어휘의 의미를 파악해 보자.

1. 재물손괴

재물손괴는 남의 물건을 손상하거나 파괴하는 행위를 말한다. 이러한 행위를 하게 되면 범죄 구성 사실이 된다. 재물손괴죄라 불리는 행위는 타인의 재물·문서 또는 전자기록 등 특수매체기록을 손괴 또는 기타 방법으로 그 효용을 해침으로써 성립하는 범죄(형법 366조)가 된다. (47쪽-8행)

① '손괴'와 유의관계인 구절은?

손괴 ≒ [   ]

② '재물손괴'의 결과에 해당하는 어휘는?

재물손괴 → [   ]

재물손괴란   라는 뜻입니다.

2. 재범

교도소에서 나온 범죄자가 나중에 또다시 범죄를 저지르는 경우를 재범이라고 한다. 재범에 대하여는 형을 더 무겁게 처벌할 수 있는데, 그 법에 대하여 정한 형벌의 2배까지 가중할 수 있다. 예를 들면 초범의 절도는 6년 이하의 징역이지만 그것이 재범에 해당되면 12년 이하의 징역이 된다는 것이다.(67쪽-15행)

① '가중'과 유의관계인 구절은?

가중 ≒ [   ]

② '초범'과 유의관계인 구절은?

초범 ≒ [   ]

재범이란   라는 뜻입니다.

3. 분쟁

판사의 가장 중요한 임무는 갖가지 분쟁을 최종적으로 결정하는 일이다. 두 사람 사이에 소송이 벌어졌을 때 판사는 두 분쟁 주체 중에서 누가 옳은지 결정해야 한다. (146쪽-2행)

＊ 최종적 : 맨 나중의

① '분쟁'과 유의관계인 구절은?

분쟁 ≒ [   ]

② '두 분쟁 주체'와 유의관계인 구절은?

두 분쟁 주체 ≒ [   ]

분쟁이란   라는 뜻입니다.

4. 편파적

유스티치아상은 저울 한쪽에 찬성하는 논거를, 다른 쪽에는 반대하는 논거를 올려보면, 저울이 그 결과를 보여줄 거라는 의미가 담겨 있어. 고대 로마 시대에 통용된 원칙은 지금도 유효하다. 중립성을 지키지 않는 편파적인 판사는 판사의 자격이 없다. (154쪽-7행)

① '편파적'과 반의관계인 어휘는?

편파적 ↔ [   ]

② '중립성을 지키는 판사의 모습'을 비유적으로 표현한 구절은?

중립성을 지키는 판사의 모습 ≒ [   ]

편파적이란   라는 뜻입니다.

5. 기피

법관 기피 신청은 형사 소송에서 일어난다. 피고인의 생각에 재판이 이제 막 시작되었는데 담당 판사가 벌써부터 그의 유죄를 확신한다고 느낀다면 피고인은 법관 기피 신청을 통해 자기를 보호할 수 있다. 피고인의 죄 유무는 재판 진행 과정을 통해 밝혀지는 것이므로 처음부터 피고인의 유죄를 단정하고 있는 판사라면 직무집행에서 배제시킬 수 있다는 것이다. (155쪽-8행)

① '법관 기피'와 유의관계인 구절은?

법관 기피 ≒ [   ]

② '법관 기피 신청' 제도의 목적이 나타난 구절은?

법관 기피 신청 제도의 목적 = [   ]

기피란   라는 뜻입니다.

6. 구두

심문(審問)이란 심리(審理)라고도 하며, 구두 또는 서면으로 진술할 기회를 주는 일을 말한다. 구두 심리는 판사가 법정에서 소송 당사자들을 만나 묻고 답하면서 사실 관계를 확인하는 것을 말한다. 서면 심리는 법원에 제출된 서류에 의거해 재판을 행하는 것을 말한다. (217쪽-16행)

① '서면'과 유의관계인 어휘는?

서면 ≒ [   ]

② '구두'의 반대 개념에 해당하는 어휘는?

구두 ↔ [   ]

구두란   라는 뜻입니다.

7. 무고

피의자는 경찰이나 검찰에서 조사를 받을 때는 물론이고 법원에서도 언제든 묵비권을 행사할 수 있다. 자기에게 유리하다고 판단되면 피의자는 거짓말을 할 수도 있다. 다만 다른 사람에게 죄를 뒤집어씌우면 안 된다. 18세기 후반 이옥(李鈺, 1760~1812)은 무고가 자주 일어나는 세태를 풍자하는 글을 썼다. 이옥의 〈성진사전〉에는, 누군가가 시체를 성 진사댁 문 앞에 가져다 놓고 성 진사에게 살인 누명을 씌운 이야기가 나온다. (209쪽-2행)

① '무고'와 유의관계인 구절은?

무고 ≒ [   ]

② 〈성진사전〉에서 무고 행위자에 해당하는 사람은?

무고 행위자 = [   ]

무고란   라는 뜻입니다.

추리와 논증

■ 선생님의 설명을 듣고, [A~E]를 채워 보자.

1.

경찰이 피의자에게 소환장을 보냈다고 해서 그 사람이 반드시 자진해서 경찰에 출두해야 하는 건 아니다. 그러나 검사나 판사가 소환장을 보냈다면 반드시 자진해서 정해진 날짜에 출두해 조사를 받아야 한다. 그렇지 않으면 법원이 구인장을 발부해서 경찰에게 피의자를 강제로 데려오게 할 수 있다. 형사소송법상 법관이 발부하는 소환 영장·구인 영장 등은 모두 [A] 처분할 수 있는 명령을 전달하는 영장이기 때문이다. (208쪽)

① '구인'과 유의관계인 구절은?

　구인 ≒ [　　　　　　　　　]

② '소환장'의 효력 차이가 일어나는 까닭은?

　[　　　　　　　　　] → 소환장의 효력 차이

③ A = [　　　　　　　　　　　　]

2.

철수는 영희를 직접 죽이지 않았다. 철수는 철호에게 강한 영향력을 행사하여 자신이 원하는 일을 대신하게 만들었다. 살인은 철호가 했지만 결과적으로는 철수가 영희를 죽인 것이라 할 수 있다. 철수는 살인 [B] 죄로 징역 14년을 선고받았다. 교사(敎唆)를 받은 자가 범죄의 결의·실행을 한 때에는 교사자도 범죄를 실행한 자와 같은 형으로 처벌된다. (229쪽)

① '교사'와 유의관계인 구절은?

교사 ≒ [   ]

② 철호가 받은 형량은?

[   ]

③ B = [   ]

3.

어떤 남자가 전봇대의 전선을 몰래 자기 집으로 끌어왔다. 전기세를 내지 않고 자기 집 전등을 밝히려 한 것이다. 사실이 드러나자 사람들은 그 남자를 절도범 혹은 도둑놈이라고 했다. 전기를 훔쳤으니까. 그런데 그 남자가 사는 나라의 법은 다른 사람의 재물을 훔쳤을 때만 절도범이라고 규정하고 있다. "전기와 같은 동력은 재물로 간주한다"라는 조항이 없다. 따라서 전기를 훔친 행위는 [C]죄다. (46쪽)

① 사람들이 어떤 남자를 도둑이라고 부르는 까닭은?

　　[　　　　　　　　　　　　　　　　]

② 법이 사람들과 달리 판단하는 까닭은?

　　[　　　　　　　　　　　　　　　　]

③ C = [　　　　　　　　　　　　　　　　　]

4.

　누군가 범죄를 저질렀다면 경찰은 검찰의 지휘를 받아 범인을 찾아야 한다. 사건에 대한 판단을 검찰에 알리면 검찰은 [D]를 제기할지 말지를 결정한다. 기소(起訴)란 검사가 일정한 형사사건에 대하여 법원의 심판을 구하는 행위를 말한다. 기소는 현재 국가 기관인 검사만이 할 수 있으므로 국가소추주의(國家訴追主義) 또는 기소독점주의(起訴獨占主義)라 불린다. 검사는 피해자를 위하여서만 기소하는 것이 아니라, 사회질서의 유지라는 공익의 측면에서 공익의 대표자로서 기소하는 것이다. (65쪽 변형)

① '기소'의 정의항에 해당하는 구절은?

　　기소 = [　　　　　　　　　　　　　　　　]

② "기소는 국가 기관인 검사만이 할 수 있다"에 해당하는 어휘는?

　　[　　　　　　　　　　　　　　　　]

③ D = [　　　　　　　　　　　　　　　　]

5.

범죄자를 무조건 격리하고 가둬두기만 하면 안 된다. 교도소에서 더 나은 사람이 될 수 있는 기회를 주어야 한다. 범죄자는 교도소에서 직업 훈련도 받고, 졸업 자격 시험을 볼 수도 있다. 그래야 나중에 형기를 마치고 사회로 돌아갔을 때 정직하게 일해서 생계를 꾸려나갈 수 있게 된다. 사회적 기대에 일치하도록 개인의 행동을 변용하는 과정을 가리켜 사회화라고 부르므로, 출감 전까지 교도소에서 수감자의 행동을 변용하는 과정을 가리켜 [E]라고 부른다. (74쪽 변형)

① '사회화'에 해당하는 정의항은?

　　사회화에 해당하는 정의항 = [　　　　　　　]

② 범죄자를 격리하고 가둬두기만 하면 안 되는 이유는?

　　[　　　　　　　　　　　　　]

③ E = [　　　　　　　　　　　　　　　　　]

LOGIC 창의와 사고

1.

〈보기〉를 읽고 스스로 판사가 되어 A에 대한 판결문을 작성해 보자.

보기

사건개요

1987년 1월 14일 서울대학교 학생 박종철(당시 23세)이 조사를 받던 중 사망하는 사건이 발생했다. 경찰은 박종철에게 폭행과 전기고문, 물고문을 가했으며 대공수사단 남영동 분실 509호 조사실에서 박종철은 사망했다.

사실관계

A 박종철 고문치사사건에서 조사 과정에 참여한 경찰관 5명이었는데, 이들은 모두 상관인 B가 고문 명령을 지시하였고, 부하였던 자신들은 상관의 명령에 따른 것이라 주장했다. 박종철의 얼굴을 욕조 속으로 강제로 누르는 가혹 행위를 한 것은 사실이지만 상관의 명령에 따른 것이므로 자신들은 무죄라고 주장했다.

특별범죄 가중처벌 등에 관한 법률

제4조 ② 형법 제124조(불법 체포 감금), 제125조(특수 공무원의 폭행 가혹행위)에 규정된 죄를 범하여 사람을 치사한 때에는 무기 또는 3년 이상의 징역에 처한다.

형법 : 제12조 (강요된 행위) 저항할 수 없는 폭력이나 자기 또는 친족의 생명·신체에 대한 위해를 방어할 방법이 없는 협박에 의하여 강요된 행위는 벌하지 아니한다.

 **주제와 표현**

1.

정의로운 폭력은 존재하는가?

조건 : (1) 정의를 사용할 것 (2) 개인의 폭력에 한정할 것 (3) 400자로 쓰되,

　　　이어 쓸 것

	폭	력	이	란		고	의	적	인		힘	의		사	용	을		말	한
다	.	이		힘	이		폭	력	으	로		여	겨	지	기		위	해	서
는		효	과	성	이		있	어	야		한	다	.	효	과	성	이	란	
폭	력	의		결	과	가		부	상	·	죽	음	·	고	통	·	재	산	상
의		손	실	·	물	건		파	괴		등	으	로		이	어	지	는	
것	을		말	한	다	.	그	러	나		이		같	은		효	과	가	
없	다		해	도		피	해	자	가		심	리	적	으	로		두	려	움
을		느	꼈	으	면		폭	력	일		수		있	다	.				
	그	러	나		이	러	한		폭	력	이		정	당	한		것	이	
될		경	우	도		있	다	.	정	당	방	위	에		해	당	할		경
우	가		그	러	하	다	.	정	당	방	위	란							

수능형 문제

※ 다음 글을 읽고 물음에 답하시오.

정당 방위는 두 가지 기본 원리에 근거한다. 그 하나가 자기 보호의 원리다. 누구나 타인의 위법한 공격에 직면할 때 자기 자신 또는 제 3자를 보호하기 위해 방어 조치를 취하는 것은 개인의 자연권을 보호하는 너무나 자연스러운 일이다. 개인적으로 누리는 이익이 눈앞에서 위법부당한 공격 때문에 침해되는 것을 보면서도 아무렇지도 않게 생각할 사람은 없는 것이다. 법 또한 이런 경우에는 자기 보호를 위해 공격하는 행위를 허용하고 있다.

나머지 하나는 법질서 수호 원리다. 자기 자신을 위법 부당한 공격으로부터 방어하는 자는 이로써 법 질서 전체의 효력까지도 수호하는 것이다. 이 사상을 옛날부터 '부정(不正) 대 정(正)의 원칙'이라고 불러 왔다. 즉 법은 불법에 양보해서는 안 되며, 정당한 것이 부당한 것에 길을 비켜 줄 필요는 없는 것이다. 이처럼 법 질서 전체의 효력을 확보하기 위한 정당 방위의 옳음에 대한 믿음 때문에 정당 방위는 가차 없는 방어 수단을 들이대도 허용한다는 결론이 나온다. 따라서 침해 받은 이익이 재산적 가치밖에 없는 것일 때에도 방어 수단으로는 그 공격자의 인명에 손해를 가해도 허용된다.

정당 방위의 이 같은 과단성*이 제대로 인식된 것은 우리 법 문화에서 비교적 최근의 일이다. 1960년대만 해도 우리나라 법원은 정당 방위의 성립 여부를 판단할 때 아직도 큰 이익과 작은 이익의 갈등 사이를 비교하려는 Ⓐ 법익 교량(法益較量)의 원리가 지배적이었다. 그러나 부정(不正) 대 정(正)의 사상은 피해자가 도망할 수 있는 경우에 도망하지 아니하고 가해자를 공격한 경우까지도 허용하는 입장이다. 부당한 공격에 정당한 것이 길을 비켜야 할 이유가 없듯 공격을 당하는 자에게 비겁하게 도망하라고 하는 것을 기대해서는 안 되기 때문이다.

그러나 정당 방위가 무제한 허용되는 것은 아니다. 개인의 자기 보호와 법 질서 수호라는 사회적 요구를 충족시키기 위해 예외적으로 허용하는 것이지 정당 방위가 적극적으로 나서서 실현해야 하는 권리라고 말할 수는 없다. 그러므로 정당 방위로 인정 받기 위해서는 다음과 같은 두 가지 조건이 충족되어야 한다.

첫째, 방어의 필요성이다. 방어자는 위법한 공격보다 덜 공격적인 방어 수단만을 사용할 필요는 없다. 주먹으로 방어해도 될 일에 무기를 사용했다 해서 정당 방위가 성립하지 않는 것은 아니다. 그러나 방어자는 공격을 확실하고 위험 없이 막기 위하여 많은 수단을 선택할 수 있다면 그 중 가장 최소의 것으로도 최대의 것과 동일한 효과를 낼 수 있는 수단을 선택해야 한다.

둘째, 방어 행위는 규범적으로 요구된 행위여야 한다. 법 질서 전체의 입장에서 요구되지 않은 방어 행위는 정당 방위가 아니라 권리 남용에 해당한다. 요구된 행위기 위해서는 ㉠목적과 수단의 상당성(相當性)*이 있어야 한다. 방어 행위에 의해 발생한 손해가 공격 행위에 의해 발생할 손해에 비해 지나치게 커서 두 크기가 극단적인 불균형을 이룰 때 정당 방위의 근거는 상당히 훼손된다. 이 같은 극단적 불균형을 낳는 방어 행위는 권리 ㉡남용이지 정당 방위가 될 수는 없다.

*과단성 : 일을 딱 잘라 결정하는 성질
*상당성 : 일반인의 법 관념 상 통상 이 정도면 충분하다고 여겨지는 것

1. 글쓴이의 집필 목적으로 가장 적절한 것은?

   ① 정당 방위의 한계를 강조하기 위해서

   ② 정당 방위의 기본 사상을 설명하기 위해서

   ③ 정당 방위의 역사성을 해명하기 위해서

   ④ 정당 방위의 윤리적 배경을 규명하기 위해서

   ⑤ 정당 방위의 자기 방어책을 제안하기 위해서

2. 〈보기〉에 나타난 '철수'의 행동에 대한 평가가 글쓴이의 견해와 일치하는
   것은?

   시장에서 철수와 영호의 사소한 말다툼이 주먹질로까지 번지는 일이 발생했
   다. 옆에 있던 사람들의 제지로 싸움은 가라앉았지만 두 사람은 끝까지 분을 삭
   이지 못했다. 시장에서 볼 일을 다 본 후 집으로 가던 철수는 골목길에서 자신
   을 기다리는 영호를 만났다. 영호는 낮에 있었던 일에 대한 자신의 입장을 이야
   기하겠다면서 주머니에 손을 넣었다. 순간 위험을 느낀 철수는 시장에서 방금
   산 야구 방망이로 영호를 마구 때려 영호에게 전치* 8주의 상처를 입혔다. 영호
   의 주머니에서 나온 것은 담뱃갑이었다.

   　　　　　　　　　　　　　　　　　　　　　　　*전치 : 병을 완전히 고침

① 자신을 보호하고 지키기 위한 자기 보호의 원리에 입각한 행위라고 생각해.

② 상대방의 공격에 적극적인 방어 수단을 선택한 것이므로 최선의 행동이라 생각해.

③ 공격 위험에 대비한 방어 행위였지만 과격하게 사용된 경우로 권리남용이라 생각해.

④ 상대방의 부당한 행위에 도망가지 않고 능동적으로 대처했으므로 정당한 행위라고 생각해.

⑤ 법질서의 효력이 확보될 수 있는 부정(不正)대 정(正)의 원칙을 달성한 행동이라고 생각해.

3. ㉠에 관한 설명으로 적절하지 <u>않은</u> 것은?

① 정당 방위는 법 질서상 규범적으로 요구된 행위이어야 한다.

② 방어 행위는 침해된 법익과 보호된 법익 간의 균형을 유지해야 한다.

③ 방어 행위는 현재의 부당한 침해를 방위하는데 적합한 행위이어야 한다.

④ 방어 행위는 가급적 가장 피해가 적으면서도 동일한 효과를 낼 수 있는 것이어야 한다.

⑤ 정당 방위는 누구에게나 부여된 권리이므로 자신의 권리를 적극적으로 행사할 수 있어야 한다.

서술형 문제

1. Ⓐ의 의미를 생각해 보자.

2. ①과 ②의 행위의 정당성에 대해 판단해 보자.

> ① 화재 시 어린이의 생명을 구하기 위하여 어린이를 아래층으로 던져 부상을 입힌 사람의 행위
>
> ② 자살하려고 15층 아파트에서 투신 시도한 사람을 감금한 사람의 행위

어휘력

1. ① ㉡의 의미를 〈보기〉에서 찾아보자. ② A~E의 독음을 써 보자.

> A [   ](濫用) : 함부로 마구 씀
> B [   ](盜用) : 남의 물건이나 명의를 허락 없이 씀
> C [   ](流用) : 원래의 용도가 아닌 다른 목적으로 돌려 씀
> D [   ](借用) : 금전 따위를 빌려서 씀
> E [   ](混用) : 이것저것 섞어서 씀

03

바보 빅터

비호아킴 데 포시다 / 레이먼드 조 지음

🛋 **preview**

　　이 책은 청소년 시절에 꼭 알아야 하는 교훈 하나를 알려준다. 살다 보면 위기가 있고 그에 따른 좌절이 있지만, 잊어서는 안 되는 것은 '자기 믿음'이라는 것! 『바보 빅터』의 주인공 빅터가 '바보'로 산 까닭은 '남의 믿음'을 자기 믿음으로 착각했기 때문이다. '자기 믿음'으로 사는 것이 얼마나 중요한 것인지를 이 책은 알려준다. (한국경제신문사 펴냄, 2011년)

FACT CHECK 사실적 사고

1. 빅터의 아버지는 정비소 기술자다. (○ , ×) (20쪽)

2. 사회심리학자 애쉬는 선분 맞추기 실험을 통해 동조현상을 설명했다. (○,×) (43쪽)

3. 심장은 인체의 중앙에 있다. (○ , ×) (102쪽)

4. 빅터가 입사한 애프리의 회장은 테일러다. (○ , ×) (102쪽)

5. 암기왕 잭의 IQ는 168이다. (○ , ×) (154쪽)

6. 레이첼 선생은 교직을 그만두고 개인 출판사를 냈다. (○ , ×) (164쪽)

7. 로라 던컨은 5세 때 유괴된 적이 있다 (○ , ×) (189쪽)

8. 빅터의 IQ가 73으로 알려지게 된 것은 로널드 선생 때문이다. (○ , ×) (189쪽)

9. 힐튼 호텔의 창업주는 트럼프다. (○ , ×) (196쪽)

10. 빅터는 상위 2%의 IQ를 가진 사람만이 가입할 수 있는 멘사의 회장이 된다.

　　(○ , ×) (200쪽)

WORD 이해와 분석

■ 선생님의 질문에 답한 뒤, 어휘의 의미를 파악해 보자.

1. 서열

창가 자리에 앉아 있던 아이들은 빅터가 다가오자 은근슬쩍 빈 옆자리에 가방을 올려놓거나, 아예 노골적으로 다리를 올려놨다. 아이들은 빅터와 가까워지는 것을 일종의 서열 추락으로 받아들였다. (23쪽-11행)

예문보기

i) 우리 회사는 첨단 산업에 진출하면서 재계 서열이 상위로 급부상하였다.

ii) 성우는 연대장으로부터 표창 수여 서열 일번으로 충무 무공 훈장을 받았다.

iii) 모르긴 하지만, 당내 서열도 상당하다는 소문을 들었소

① '노골적'과 반의관계인 어휘는?

노골적 ↔ [   ]

② '서열 추락'의 원인에 해당하는 것은?

[   ] → 서열 추락

서열이란   라는 뜻입니다.

2. 해일

부끄러움보다 분노의 감정이 해일처럼 몰려왔다. (38쪽-6행)

지진이 일어난 뒤에는 반드시 해일이 일어난다.

① '해일'의 특성을 짐작하게 하는 어휘는?

해일의 특성 = [   ]

② 분노를 해일로 표현한 의도에 해당하는 것은?

의도 = [   ]

해일이란   입니다.

3. 잠정적

우리가 불멸의 진리라고 믿는 과학은 또 어떤가? 천재들이 만든 복잡한 이론이 영원할 것 같지만 누군가 오류를 발견하면 그 이론은 허물어지지. 천동설의 운명처럼 말이네. 과학도 잠정적인 진실일 뿐이지. (103쪽-14행)

① '잠정적'과 반의관계인 어휘는?

잠정적 ↔ [   ]

② '진실'의 반대 개념에 해당하는 어휘는?

진실 ↔ [   ]

잠정적이란   라는 뜻입니다.

4. 모멸감

쑥스러운 비밀이 탄로나자 극도의 모멸감을 느낀 것이다. (38쪽-7행)

예문보기

　나의 존재 가치가 부정당하거나 격하될 때 갖는 괴로운 감정을 굴욕감이라고 한다. 굴욕을 주는 건 사람만이 아니다. 열등한 집단을 멸시하는 통념이나 문화의 위력은 만만치 않다. 그래서 많은 경우 모멸은 다른 모멸로 이어지며 굴욕감을 확대 재생산한다. 모멸의 문화를 해소하기 위해서는 존중의 문화가 필요하다.

① '모멸'과 유의관계인 어휘는?

　　모멸 ≒ [　　　　　　　　　　　]

② '모멸'과 반의관계인 어휘는?

　　모멸 ↔ [　　　　　　　　　　　]

　　모멸감이란　　　　　　　　　　　　라는 뜻입니다.

5. 동조

독립된 상황에 있던 A그룹은 자신이 스스로 생각을 했고, 방해자들에게 둘러싸였던 B그룹은 남의 생각에 동조했다. (44쪽-2행)

예문보기

1950년대에 미국 하버드 대학교의 심리학자 솔로몬 애쉬(S. E. Asch)는 사람들이 타인의 판단에 얼마나 큰 영향을 받는지에 관한 실험을 했다. 6~8명의 참가자들에게 두 장의 흰색 카드를 보여준다. 한 카드에는 검은색 세로선 A사이즈가 그어져 있고, 다른 카드에는 길이가 서로 다른 세로선들(A, B, C사이즈)이 배열되어 있다. 길이가 같은 A사이즈를 찾아내는 전혀 어렵지 않은 과제였고, 실험자들은 모두 어렵지 않게 찾아냈다.

하지만 한 참가자를 제외한 다른 모든 참가자가 정답으로 엉뚱한 길이의 직선을 가리키는 실험을 하자 충격적인 결과가 나타났다. 가짜 참가자인 조교들이 똑같은 오답을 앵무새처럼 이야기하면 진짜 참가자 중 76% 정도가 적어도 한 번은 그 오답에 동조하는 일이 발생한 것이다.

① 관련 사건에서 '방해자'의 역할에 해당하는 어휘는?

방해자 = [   ]

② '남의 생각'과 반의관계인 구절은?

남의 생각 ↔ [   ]

동조란   라는 뜻입니다.

6. 자책

빅터는 안도와 자책이 함께 밀려오는 감정을 느꼈다. (64쪽-14행)

예문보기

바람이 어디로부터 불어와
어디로 불려가는 것일까,

바람이 부는데/내 괴로움에는 이유(理由)가 없다.

내 괴로움에는 이유(理由)가 없을까,

단 한 여자(女子)를 사랑한 일도 없다.
시대(時代)를 슬퍼한 일도 없다.

바람이 자꾸 부는데/내 발이 반석 위에 섰다.

강물이 자꾸 흐르는데
내 발이 언덕 위에 섰다. (「바람이 불어」, 윤동주)

 ① 시에서 '자책'의 내용에 해당하는 시구는?

[   ]

② 시에서 '자책'의 결과에 해당하는 어휘는?

[   ]

자책이란   라는 뜻입니다.

 **추리와 논증**

■ 선생님의 설명을 듣고, [A~C]를 채워 보자.

1.

로라는 아침 스쿨버스에서 빅터와 만난 일이 떠올랐다. 왜 빅터한테 화를 냈을까? 로라는 스쿨버스에서 과민반응을 보인 게 마음에 걸렸다. 빅터가 뭐라든 무시하면 그뿐이었는데, 하지만 이상하게 그냥 넘어가지지 않았다. 오래 전부터 로라는 빅터를 볼 때마다 묘한 당혹감을 느꼈다. 자신의 단점을 닮은 자식을 바라보는 부모의 심정이랄까. (31쪽)

 ① '과민반응'과 유의관계인 구절은?

과민반응 ≒ [   ]

② '자신의 단점을 닮은 자식'을 가리키는 어휘는?

자신의 단점을 닮은 자식 = [   ]

③ 로라가 빅터에게 화를 낸 이유는 [   ] 때문이다.

2.

어려서부터 영민했던 스미스는 명문 대학을 졸업했다. 부모의 권유에 따라 금융회사에 취직한 스미스는 승승장구하여 고액 연봉자가 되었다. 고급 이태리제 양복, 유럽에서 직수입한 스포츠카, 롱아일랜드의 별장, 아름다운 부인 그리고 무엇보다 동경의 눈으로 쳐다보는 사람들의 시선은 그에게는 삶의 의미였다. 그런데 얼마 전 스미스는 잘못된 거래로 회사에 커다란 손실을 끼쳤다. 다행히 회사에서는 그의 실수를 용서해주었지만, 정작 그는 어리석은 거래를 한 자신을 용서할 수 없었다. 그는 자책감에 빠져 샤워실의 거울을 보면서 아이처럼 울고 말았다. (중략)

스미스의 경우는 [A] 를 상실했어. 그에게는 학벌과 경제력이 자기믿음의 원천이었지. 그런데 커다란 실패를 맛보고 나니 급격하게 자아가 위축된 거야. 사실 이런 사람들일수록 콤플렉스가 더 강한 법이거든. [A]는 결코 외적인 것에서 나오는 게 아냐. (71쪽)

① '자기 믿음'과 반의관계인 어휘는?

　자기 믿음 ↔ [　　　　　　　　　　　]

② '커다란 실패를 맛보다'의 결과에 해당하는 구절은?

　커다란 실패를 맛보다 → [　　　　　　　　　]

③ A = [　　　　　　　　]

3.

빅터 : "세상의 기준이 옳은 것 아닌가요?"

테일러 회장 : "그렇겠지. 그러나 언제나 그런 것은 아냐. 예를 들어 볼게. 사람들은 심장이 왼쪽에 있다는 통념을 갖고 있네. 그런데 심장은 중앙에 있잖아. 그러니 [B]" (102쪽)

① '세상의 기준'과 유의관계인 어휘는?

세상의 기준 ≒ [   ]

② '테일러 회장'이 반론의 전제로 삼고 있는 것은?

[   ]

③ B에 해당하는 주장은 [   ] 다.

4.

17년 전 빅터를 저능아라고 믿어 의심치 않았던 로널드 선생의 눈에는 빅터의 IQ 평가표에 적힌 173이라는 숫자가 73으로 보였다. 그게 사건의 전부였다. 단지 누락된 한 자리 숫자로 인해 빅터는 17년 동안 바보로 살았다. (189쪽)

① '빅터를 저능아로 믿다'의 결과에 해당하는 구절은?

빅터를 저능아로 믿다 → [   ]

② 'IQ 평가표에 적힌 173이라는 숫자'가 의미하는 것은?

IQ 평가표에 적힌 173이라는 숫자'가 의미하는 것= [   ]

③ '로널드 선생'에 대한 서술자의 가치 평가가 함축되어 있는

어휘는? [   ]

5.

제2차 대전 당시, 유태인 의사 빅터 프랭클은 아우슈비츠 수용소에 수감되었다. 그곳은 지옥보다 더 끔찍한 곳이었다. 고통을 이기지 못한 수감자들은 자살을 하거나 병에 걸려 하나둘씩 죽어갔다. 프랭클도 예외는 아니었다. 발진티푸스에 걸리고 만 그는 고열에 시달리며 생사를 넘나들었다. 하지만 그는 삶을 포기하지 않았다. 그에게는 살아야 할 이유가 있었다. 그것은 나치에게 빼앗긴 원고를 되찾아 연구를 완성하는 것이었다. 병마를 이겨낸 빅터 프랭클은 아우슈비츠의 수감자들을 관찰하기 시작했다. 그 결과 C자기 믿음을 가진 사람이 살아남은 확률이 높다는 사실을 발견했다. 전쟁이 끝나자 그는 수용소의 체험을 바탕으로 로고테라피라는 실존분석적 심리치료를 개발함으로써 심리치료 발전에 기여했다. 훗날 그는 이렇게 말했다.

"인간이 인생을 바쳐서라도 진정으로 추구하려고 하는 것은 바로 의미 있는 삶을 사는 것입니다." (73쪽)

① '병마'와 유의관계인 어휘는?

　병마 ≒ [　　　　　　　　　　　　]

② 빅터 프랭클이 '살아야 할 이유'로 여겼던 것은?

　빅터 프랭클이 '살아야 할 이유' = [　　　　　　　　　]

③ C와 같은 결론에 도달하게 한 연구 방법은?

　[　　　　　　　　　　　　　]

■ 발언 속 논리를 찾아보자.

1.

① A에 해당하는 어휘를 생각해 보자.

② 테일러 회장의 말은 논리적인가?

테일러 회장 : 우리가 절대불멸의 진리라고 믿는 과학은 또 어떤가? 천재들이 만든 복잡한 이론이 영원할 것 같지만 누군가 오류를 발견하면 그 이론은 허물어지지. 천동설의 운명처럼 말이네. 과학도 [A] 진실일 뿐이지. (103쪽)

2.

레이첼 선생의 말은 논리적인가?

레이첼 선생 : 스스로를 의심하기 시작하면 헤라클레스도 칼을 잡지 못하고, 사이영(미국의 전설적인 야구선수)도 강속구를 던질 수가 없어. 그러니까 너희는 최후의 순간까지 자신에 대한 믿음을 버려서는 안 돼. (94쪽 변형)

■ 발언 속 오류를 찾아보자.

3.

레이첼 선생 : 빅터가 (누군가 먼저 발명한 발명품이라는 사실을) 정말 모를 수도 있
잖아요.
로널드 선생 : 그 녀석의 머리로는 그런 뛰어난 아이디어를 생각해낼 수가 없
어요.

4.

로라의 가족이 오랜만에 식탁에 모여 앉았다. 그 동안 핑계를 대며 가족 모임
에 참석하지 않았던 로라는 어머니의 설득에 못 이겨 집을 찾았다. 분위기는
예상대로였다. 아버지는 신문에 실린 사건사고를 들먹이며 모든 책임을 공산
당과 방탕한 청년들에게 뒤집어씌웠다.

 **주제와 표현**

1.

『바보 빅터』에 나오는 인물 중 한 명을 골라 〈보기〉에 따라 써 보자.

제목 _ 글에 어울리는 제목을 생각해 보자.

조건 (1) : 빅터, 로라, 레이첼 선생, 로날드 선생 중에서 선택.

　　(2) : "『바보 빅터』에서 내가 주목한 인물은 ○○이다."로 시작할 것.

　　(3) : 400자로 쓰되, 이어 쓸 것.

	『	바	보		빅	터	』	에	서		내	가		주	목	한		인	물
은		레	이	첼		선	생	이	다	.	레	이	첼		선	생	은		빅
터	와		로	라	가		평	범	하	게		그	리	고		자	신		없
게		살	아	가	는		삶	을		개	선	할		수		있	게		해
준		인	물	이	다	.	레	이	첼		선	생	이		없	었	다	면	

PART 2 \수능은 독해다

📝수능형 문제

※ 다음 글을 읽고 물음에 답하시오.

 "㉠친구 따라 강남 간다"라는 속담처럼 다른 사람의 행동을 따라하는 것을 심리학에서는 '동조(同調)'라고 한다. OX 퀴즈에서 답을 잘 모를 때 더 많은 사람들이 선택하는 쪽을 따르는 것도 일종의 동조이다.

 심리학에서는 동조가 일어나는 이유를 크게 두 가지로 설명한다. 첫째는, 사람들은 자기가 확실히 알지 못하는 일에 대해 남이 하는 대로 따라 하면 적어도 손해를 보지는 않는다고 생각한다는 것이다. 낯선 지역을 여행하던 중에 식사를 할 때 여행객들은 대개 손님들로 북적거리는 식당을 찾게 마련이다. 식당이 북적거린다는 것은 그만큼 그 식당의 음식이 맛있다는 것을 뜻한다고 여기기 때문이다. 둘째는, 어떤 집단이 그 구성원들을 이끌어 나가는 질서나 규범 같은 힘을 가지고 있을 때, 약자의 ㉡마음에 못을 박는 듯한 집단의 압력 때문에 동조 현상이 일어난다는 것이다. 만약 어떤 개인이 그 힘을 인정하지 않는다면 그는 집단에서 배척당하기 쉽다. 이런 사정 때문에 사람들은 집단으로부터 소외되지 않기 위해서 동조를 하게 된다. 여기서 주목할 것은 자신이 믿지 않거나 옳지 않다고 생각하는 문제에 대해서도 동조의 입장을 취하게 된다는 것이다.

상황에 따라서는 위의 두 가지 이유가 함께 작용하는 경우도 있다. 예컨대 선거에서 지지할 후보를 결정하고자 할 때 사람들은 대개 활발하게 거리 유세를 하며 좀 더 많은 지지자들의 호응을 이끌어 내는 후보를 선택하게 된다. 곧 지지자들의 열렬한 태도가 다른 사람들도 그 후보를 지지하도록 이끄는 정보로 작용한 것이다. 이때 지지자 집단의 규모가 클수록 지지를 이끌어 내는 데에 효과적으로 작용한다.

동조는 개인의 심리 작용에 영향을 미치는 요인이 무엇이냐에 따라 그 강도가 다르게 나타난다. 가지고 있는 정보가 부족하여 어떤 판단을 내리기 어려운 상황일수록, 자신의 판단에 대한 믿음이 부족할수록 동조 현상은 강하게 나타난다. 또한 집단의 구성원 수가 많고 그 결속력이 강할 때, 특정 정보를 제공하는 사람이 권위가 있고 그에 대한 신뢰도가 높을 때도 동조 현상은 강하게 나타난다. 그리고 어떤 문제에 대한 집단 구성원들의 만장일치 여부도 동조에 큰 영향을 미치게 되는데, 만약 이때 단 한 명이라도 이탈자가 생기면 동조의 정도는 급격히 약화된다.

어떤 사람이 길을 건너려고 할 때 무단 횡단하는 사람들이 있으면 별 생각 없이 따라 하는 것처럼, 동조 현상은 부정적인 경우에도 일어난다. 그러나 정류장에 차례로 줄을 선 사람들이 다수일 경우 나중에 온 사람은 뒷줄에 서서 버스를 기다리게 되는데 이는 긍정적으로 작용하는 사례로 볼 수 있다. 이처럼 동조는 개인으로 하여금 정보 부족 상태에서 좀 더 나은 판단이나 선택을 할 수 있게 하는가 하면, 사회적으로는 질서를 유지하게 하는 원동력으로 작용하기도 한다. 뿐만 아니라 줄서는 가게 앞에서 사람들은 왜 ⓒ저마다 한 목소리로 맛있다고 외치는지, 같은 농담을 왜 즐기는지, 유행하는 옷을 왜 선호하는지와 같은 사람들의 행동 특성이나 사회 현상을 이해하려 할 때 동조라는 공통 해답을 만나게 된다.

1. 윗글을 통해 답을 구할 수 있는 물음이 <u>아닌</u> 것은?

　① 동조 현상을 강화시키는 요인에는 어떤 것이 있는가?

　② 동조 현상을 약화시키는 요인에는 어떤 것이 있는가?

　③ 부정적으로 작용하는 동조 현상에는 어떤 것이 있는가?

　④ 사람들의 동조 행위를 근절할 수 있는 방법은 무엇일까?

　⑤ 타인의 생각에 동의하는 경우에만 동조가 일어나는 것일까?

2. 윗글에 언급된 '동조'에 대해 가장 잘 이해한 것은?

　① 타인의 제안에 대해 관용을 베풀며 수용하는 것

　② 많은 사람들의 합리적 선택에 동의하여 따르는 것

　③ 타인의 고통을 해결해 줌으로써 그들의 협조를 얻어내는 것

　④ 정보 부족이나 집단 압력으로 인해 타인의 행동을 따르는 것

　⑤ 부정적 사회 현실을 개선하기 위하여 집단의 힘을 사용하는 것

3. 윗글을 읽고 〈보기〉의 상황을 해석한 것으로 적절하지 <u>않은</u> 것은?

　　옛날에 허영심이 많고 옷 욕심이 많은 임금이 있었다. 어느 날 실력자 행세를 하는 사기꾼들이 찾아와, 특별한 옷을 만들 수 있다고 임금을 부추겼다. 자기들이 만든 아름다운 옷은 정직하지 않은 사람의 눈에는 보이지 않는 옷이라고 했다. 유혹에 넘어간 임금은 옷을 주문하였고, 얼마 후 사기꾼들은 벌거벗은 임금에게 자기들이 만들어 왔다는 옷을 입혀 주는 시늉을 하였다. 임금의 눈에는 아무것도 보이지 않았지만, 그렇다고 말하면 정직하지 않은 사람으로 여겨질 것이 두려웠던 임금은 옷을 칭찬했다. 칭찬하고 나니 정직하지 않은 사람의 눈에는 보이지 않는 옷을 정말로 입고 있는 것 같아 자랑하고 싶은 마음에 거리 행차를 하기로 했다. 정직하지 않은 사람에게는 보이지 않는 옷이 있다는 소문을 들었던 백성들은 벌거벗은 임금을 바라보면서도 임금의 옷이 참 아름답다고 말했다. 이때 군중들 틈에 서 있던 한 소년이 큰 소리로 외쳤다.

　　"저것 봐요. 임금님이 벌거벗었어요."

　　이어서 소년의 아버지가 소리쳤다.

　　"순진한 이 아이가 임금님이 벌거벗었다고 합니다."

　　그러자 여기저기서 '임금님은 벌거숭이'라는 웅성거림이 일었다.

① 임금의 거리 행차는 긍정적 측면에서의 동조 행위라고 할 수 있다.

② 백성들이 소년의 판단에 동조한 것은 소년의 순진함에 신뢰감을 느꼈기 때문이다.

③ 소년의 동조하지 않음에 의해 만장일치가 불가능해지자 동조의 강도가 약화되는 현상이 나타났다.

④ 입혀주는 시늉만 하는 보이지 않는 옷을 보이는 것처럼 처신한 임금의 행위도 동조 행위로 볼 수 있다.

⑤ 임금의 옷이 아름답다고 외치는 백성들의 심리에는 집단으로부터 소외당하고 싶지 않은 마음이 깔려 있다.

📝 서술형 문제

1. ① ㉠을 같은 뜻이 되도록 사자성어로 바꿔 표현해 보자.

   ② ㉠의 의미가 무엇인지 쉽게 풀어서 써 보자.

2. ㉡의 의미가 무엇인지 쉽게 풀어서 써 보자.

📝 어휘력

1. ① ㉡의 의미를 〈보기〉에서 찾아보자. ② A ~ E의 독음을 써 보자.

A [   ](異口同聲) : 여러 사람의 말이 한결같음

B [   ](犬猿之間) : 개와 고양이의 관계. 대단히 사이가 나쁜 관계.

C [   ](吳越同舟) : 일시적으로 우호적 관계에 있음

D [   ](同苦同樂) : 괴로움과 즐거움을 함께 함.

E [   ](首尾相應) : 서로 응하여 도와줌

청소년을 위한 1010 경제학

한스 크리스토프 리스 지음 / 고영아 옮김

preview

　이 책은 청소년들이 가장 어려워하는 과목이자 지식인 경제학을 알기 쉽게 서술하고 있다. 아울러 이 책은 경제사를 경제학자의 이론을 통해 보여주면서 당대 사회의 문제를 이러한 이론들이 어떻게 해결하는 데 성공하거나 실패하는가를 설득력 있게 보여주고 있다. (탐 펴냄, 2013년)

FACT CHECK 사실적 사고

1. 경제의 대상이 되려면 그 양이 제한되어 있는 특징인 희소성이 있어야 한다.
   (○ , ×) (14쪽)

2. 경제에 관하여 최초로 이론적인 토대가 되는 생각을 제공한 사람은 아리스토
   텔레스다. (○ , ×) (14쪽)

3. 애덤 스미스는 시장에 국가가 개입하는 것을 반대하면서 가격의 자동 조절
   기능을 뜻하는 보이지 않는 손의 기능을 주장했다. (○ , ×) (42쪽)

4. 칼 마르크스는 애덤 스미스와 동시대에 활동한 경제학자다. (○ , ×) (45쪽)

5. 슈몰러의 관점에 의하면 사람들은 시장의 법칙에 위배되는 행동을 기꺼이 한
   다. (○ , ×) (73쪽)

6. 편익이란 어떤 선택을 했을 때 얻게 되는 만족이나 이득을 말한다. (○ , ×)
   (81쪽)

7. 한계 효용이란 일정한 종류의 재화가 잇따라 소비될 때 최후의 재화로부터 얻어지는 심리적 만족도를 말한다 (○ , ×) (89쪽)

8. 시장 실패의 원인으로는 공공재의 무임승차 문제, 정보의 비대칭성 문제, 외부 효과의 문제, 독과점의 존재 등이다. (○ , ×) (103쪽)

9. 도산이란 재정적으로 파탄의 상황에 이르러 망하는 것을 가리킨다. (○ , ×) (145쪽)

10. 지역통화제도란 일정 지역이나 커뮤니티의 참가자가 재화나 서비스를 자발적으로 교환하기 위한 시스템 또는 거기에서 유통하는 통화의 총칭으로 '커뮤니티 머니' 라고도 한다. (○ , ×) (184쪽)

WORD 이해와 분석

■ 선생님의 질문에 답한 뒤, 어휘의 의미를 파악해 보자.

1. 희소성

여기저기에 이미 넘칠 정도로 충분히 존재하는 것은 경제의 대상이 되지 않는다. 정도의 차이는 있지만 그 양이 제한되어 있는 것, 즉 희소성이 있는 것만이 경제의 대상이다. 경제란 인간이 필요로 하는 것을 제공하는 모든 시설과 행위이며, 유한한 재화·서비스의 생산 및 소비 그리고 분배에 관련된 전부를 포함한다. (14쪽-3행)

＊재화 : 사람이 바라는 바를 충족시켜 주는 모든 물건

① '희소성'과 유의관계인 구절은?

희소성 ≒ [   ]

② '희소성'과 반의관계인 구절은?

희소성 ↔ [   ]

희소성이란   뜻입니다.

2. 사회 기반시설

시장경제는 도로, 항만, 철도 등 교통 시설이 설치되어 있어야만 가능했다. 오늘날에는 이것을 사회 기반시설이라 부르는데 말 그대로는 '아래에 놓인 기초'라는 뜻이다. (34쪽-4행)

① '사회 기반시설'의 예시에 해당하는 구절은?

사회 기반시설 = [   ]

② '기반'의 정의에 해당하는 구절은?

기반 = [   ]

사회 기반시설이란   뜻입니다.

3. 관세(關稅)

봉건사회에서는 지주가 자신의 영토 안에서 경제가 잘 돌아가도록 모든 것을 계획했다. 그렇게 하기 위해 지주는 특수 생산물에 세금을 부과하기도 하고, 자기 땅을 통과하는 물품에 높은 관세를 매기기도 했다. (39쪽-7행)

① '관세'의 정의에 해당하는 구절은?

관세 = [   ]

② '관세'와 상위관계인 어휘는?

관세 : [   ]

관세란   뜻입니다.

4. 전락(轉落)

그로 인해 농사에 필요한 노동력의 수요는 크게 감소했다. 일자리를 잃게 된 많은 농민들은 다른 직업을 구하기 위해 도시로 떠나야 했고, 도시로 온 농민 대부분은 공장 노동자로 '전락'하고 말았다. (72쪽-2행)

예문보기

1) 오냐오냐 떠받드는 대우만 받다가 갑자기 천덕꾸러기로 전락을 하고 말았다.
2) 집에서 쫓겨났다는 것은 하나의 변화인 것인데 전락이라고 하니 불편했다.

① 예문1)에서 '전락'과 반의관계인 구절은?

　　전락 ↔ [　　　　　　　　　]

② 예문2)에서 '전락'과 유의관계인 구절은?

　　전락 ≒ [　　　　　　　　　]

　　전락이란 　　　　　　　　　　　　　　　 뜻입니다.

5. 담합

어디선가 공정한 경쟁을 방해하는 담합이 행해지면 공무원들은 조사에 들어간 뒤, 그것이 사실로 드러나면 즉시 고발 조치한다. 이는 오늘날에도 여전하다. 두 기업이 합병 의사를 밝히면 국가는 그로 인하여 혹시 독점이 발생할 위험은 없는지를 신중하게 검토하고, 위험이 있다고 여겨질 경우 합병은 금지된다. (108쪽-12행)

① '담합'의 결과에 해당하는 구절은?

담합 → [   ]

② '담합'의 악영향에 해당하는 구절은?

담합 = [   ]

담합이란   뜻입니다.

6. 도태

담합이 불러일으킨 또 다른 문제는 중소기업의 몰락이었다. 대기업이 담합을 통해 중소기업이 저렴한 가격으로 원자재를 공급받을 수 없게 하는 등의 횡포를 저질렀기 때문이다. 중소기업이 시장의 법칙에 따라 자연스럽게 도태된 것이 아니라, 대기업이 담합을 통해 시장의 법칙을 무력하게 만들었기 때문에 중소기업은 시장에서 밀려나고 말았다. (100쪽-8행)

① '도태'와 유의관계인 어휘는?

도태 ≒ [   ]

② '도태'와 유의관계인 구절은?

도태 ≒ [   ]

도태란   뜻입니다.

7. 주도

경제의 많은 부분이 철도 건설과 관련이 있었다. 이런 이유에서 경제학자들은 철도 건설과 관련된 철강, 기계 등에 대하여 주도 산업이라는 말을 쓴다. 개가 목에 방울을 달고 양떼를 이끄는 것처럼 주도 산업은 경제 전체를 이끄는 역할을 한다. (124쪽-16행)

① '주도'와 유의관계인 어휘는?

　주도 ≒ [　　　　　　]

② '주도 산업'의 기능에 해당하는 구절은?

　주도 = [　　　　　　]

　주도란　　　　　　　　　　　　뜻입니다.

8. 폭락

공장이 망하면 무슨 일이 일어날까? 주식을 사려는 사람은 없을 테니 주식 가치는 갑자기 뚝 떨어질 것이다. 주식 시장에서 기업의 가치는 그 기업의 주식 가격을 모두 합친 것이다. 따라서 주식 값이 폭락한 기업은 이제 거의 아무런 가치도 없다. (126쪽-11행)

① '폭락'과 유의관계인 구절은?

　폭락 ≒ [　　　　　　]

② 주식 값 폭락의 결과에 해당하는 구절은?

　주식 값이 폭락 → [　　　　　　]

　폭락이란　　　　　　　　　　　뜻입니다.

THINKING 추리와 논증

■ 선생님의 설명을 듣고, [A~G]를 채워 보자.

1.

시장 경제 아래 생활하고 있는 사람들이 시장의 법칙에 어긋나는 행동을 할 때, 이를 이해하기 위해서는 슈몰러의 관점이 필요하다. 시장의 법칙에 위배되는 행동으로 유명한 국제적 사회운동으로는 [A] 소비가 있다. 가령 일반커피보다 비싼 데에도 공정무역커피 등을 구매하는 행위를 말한다. (73쪽)

① '위배'와 유의관계인 어휘는?

위배 ≒ [   ]

② '공정무역커피 등을 구매하는 행위'와 유의관계인 구절은?

공정무역커피 등을 구매하는 행위 ≒ [   ]

③ A = [   ]

2.

　시장이란 재화가 거래되는 현장을 말한다. 주식회사의 등장으로 이전에는 존재하지 않았던 새로운 형태의 시장이 형성되었다. 그것은 바로 돈이 거래되는 시장이었다. 돈은 이제 단순히 교환 수단에 불과한 것이 아니라 재화처럼 교환의 [B]이 되었다. (112쪽)

① '교환 수단'에 해당하는 어휘는?

　　교환 수단 = [　　　　　　　]

② '재화 거래의 수단에서 격상되어 재화 자체가 되다'의 주체에

　　해당하는 어휘는? [　　　　　　　　　]

③ B = [　　　　　　　　　　]

3.

　"산업혁명 이래로 주식 시장은 심장이 혈관에 피를 공급하듯이 돈을 경제의 혈관에 공급해 왔다."라는 문장은 주식시장의 가치를 [C]의 방식을 사용하여 설명하고 있다. (113쪽)

① '심장이 혈관에 피를 공급하듯이'와 비유관계에 있는 구절은?

　　심장이 혈관에 피를 공급하듯이 ≒ [　　　　　　　]

② '주식 시장'을 비유한 어휘는?

　　주식 시장 ≒ [　　　　　　]

③ C = [　　　　　　　　　]

4.

국가에서 실업 수당을 지급하면 실업자가 노동력을 팔지 않는 현상이 생긴다. 노동 시장에서 노동자의 노동력은 공급에 해당하는데, 이것을 팔지 않는다면 노동 시장은 문제가 발생할 수밖에 없다. 노동력도 수요와 공급의 관계에 따라 가격이 결정되어야 할 상품이므로, 시장 경제가 제 기능을 발휘하려면 국가는 어떤 간섭도 하지 말아야 한다는 것이다. 실업자에게 실업 수당을 지불하는 것과 같은 사회적 약자 보호 정책도 결국은 [D]에 대한 간섭이라는 것이다. (152쪽)

① '사회적 약자'에 해당하는 어휘는?

　　사회적 약자 = [　　　　　　　　　　]

② '노동 시장에서 노동력의 가치'를 결정하는 것은?

　　　[　　　　　　　　　　　　　　　　]

③ D = [　　　　　　　　　　　　　　　]

5.

독일은 오랫동안 경기부양책이 필요하지 않았다. 전후에 이룬 라인강의 기적 덕분에 거의 20년 동안이나 지속적인 경제 성장을 달성했기 때문이다. 전쟁으로 파괴된 나라에 세탁기나 자동차, 냉장고, 라디오 등 공산품을 공급하려면 많은 인력이 필요했으므로 실업은 존재하지 않았다. 그러나 1960년대 후반에 이르자 성장은 거의 멈추었다. 〈그래프〉의 [E]에 해당하는 경기 변동을 맞게 된 것이다. (153쪽)

경기변동의 4국면

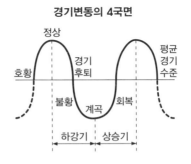

① '실업은 존재하지 않았다'에 해당하는 국면은 〈그래프〉의 어디인가?

　　실업은 존재하지 않았다 ≒ [　　　　　　　]

② 경기부양책이 필요한 국면은 〈그래프〉의 어디인가?

　　[　　　　　　　　　　　　　　]

③ E = [　　　　　　　　　　　　　]

6.

동독에서는, 서독에서와 달리, 직업이 의사든 엔지니어든 간호사든 상관없이 모든 사람의 소득이 거의 비슷했다. 행복지수 조사 결과를 보면 행복도는 실제 소득액의 숫자보다는 주위의 사람들과 비교했을 때 그가 어떤 처지에 있느냐 하는 것이 훨씬 더 큰 영향을 미친다. 그렇기 때문에 우리는 절대 소득이 비슷한 동독의 국민이 절대 소득의 차이가 심한 서독의 국민보다 행복도가 [F]고 단정 지을 수 없다. (117쪽)

① '행복도'를 결정짓는 것은 절대 소득이 아니라 [　] 소득이다.
② 동독 사람들의 행복도는 비슷하고, 서독 사람들의 행복도는 [　]
　　동독 사람들의 행복도는 비슷하다↔서독 사람들의 행복도는 [　]
③ F = [　　　　　　　　　　　　　　　　　　]

7.

1980년대 이후 많은 국가에서 밀턴 프리드먼의 자유주의에 바탕을 둔 경제 정책을 수립했다. 정부는 기업에 대한 규제 완화 정책을 실시했고, 그 동안 [G]에 감독권이 있었던 영역들에 대한 통제를 점차 줄였다. 철도와 우체국, 전력공사를 비롯한 많은 에너지 공단이 민영화되었고, 자유 시장 경제의 한 부분이 되었다. (181쪽)

① '밀턴 프리드먼의 경제 정책'은 [　]에 해당한다.
② '민영화'와 반대관계에 있는 어휘는 [　]에 해당한다.
　　민영화↔[　]
③ G = [　　　　　　　　　　　　　　　　　　]

창의와 사고

1.

〈보기〉의 주장을 케인즈의 이론으로 반론해 보자.

보기

주장 : 경제 위기가 닥치면 정부는 긴축 재정을 실시해야 한다. 실업자 수가 많아지면서 세금 수입도 줄었는데 정부의 지출을 늘리거나 평상시처럼 쓰면 결국 국가는 파산할 위험도 있기 때문이다.

케인즈 이론 : "경제가 어려워져 소비자의 수요가 없어지고 상품을 구입하지 않게 되면 생산자는 상품을 만들지 않을 것이고 나아가 노동자도 고용하지 않고 이익을 내지 못한다."

2.

[A~C]에 해당하는 어휘를 〈보기〉에서 찾아 보자.

보기

갈릴레이는 진자의 움직임에 관한 법칙을 발견하기 위해 최초의 가설을 세울 때까지 계속해서 진자를 관찰했다. 그는 진자의 움직임을 설명할 가설을 하나 세운 다음 그것이 맞는지 검증하기 위해 또다시 수많은 관찰을 했다.

경제학자도 이러한 방식으로 이론을 정립해야 한다.

경제학자는 다양한 경제 상황들의 배후에 공통적으로 작용하는 규칙을 찾아 낼 때까지 그 상황들을 충분히 [A]해야 한다. 그리고 자신이 찾아낸 규칙을 바탕으로 하나의 [B]을 세운 다음, 많은 비슷한 상황에 적용하여 그것이 맞는지 검토한다. 계속된 검증 결과 그 이론이 맞는 것으로 증명될 경우 모든 상황들을 설명할 수 있는 일종의 [C]을 수립한다.

 **주제와 표현**

1.

세계경제위기가 닥쳐도 타격을 덜 받는 방법. (200자)

조건 : '지역통화 제도의 도입'으로 설명할 것.

2.

다음 주장을 반론해 보자. (300자)

조건 : 유추를 사용하여 설명할 것.

애덤 스미스의 국부론에 따르면 개인이 이기심을 추구하는 것이 곧 자신의 부의 증대를 가져오고 이것이 국가의 부의 증대를 가져온다. 모든 사람이 자신의 환경을 바꾸고 개선하려고 하는 자연스러운 노력인 이기심에 따라 행동한다면 이른바 '보이지 않는 손(an invisible hand)'에 의하여 모든 경제활동이 조정된다. '보이지 않는 손'은 시장가격의 자동조절 기능을 말하는 것으로 이 기능에 의해 경쟁시장에서는 수요와 공급의 균형이 이루어진다. 그러므로 이러한 시장원리가 작동할 수 있도록 정부의 규제 정책은 최소한이어야 한다. (40쪽 변형)

수능형 문제

※ 다음 글을 읽고 물음에 답하시오.

  전통적인 경제학에서는 투입량을 계속 늘려 나가면 어느 단계에 가서는 산출량의 증가율이 줄어들게 될 가능성이 높다고 생각해 왔다. 이것을 ㉠수확 체감의 법칙이라고 하는데, 이것은 곡물이나 철과 같은 재화가 중심이 되었던 산업 사회 경제에서는 타당한 것으로 받아들여졌다. 물론 투입 요소가 늘어남에 따라 산출량도 초기에는 늘어날 수 있으나, 시간이 갈수록 점점 노동의 질이 떨어질 가능성도 많고, 노동의 조직화나 경영의 효율성도 한계에 부딪힐 가능성이 높기 때문에 결국은 수확 체감이라는 벽에 부딪히게 되는 것이다.

  이처럼 수확 체감의 법칙이 작용하게 되면 제품을 생산하는 기업은 이윤을 극대화할 수 있는 적절한 선에서 생산 규모를 설정할 것이기 때문에, 이 제품의 시장에는 같은 제품을 생산하는 여러 기업들이 들어와 경쟁을 하게 될 것이다. 그리고 좋은 제품을 좀 더 싼 가격에 내놓을 수 있는 기업이 이 시장에서 경쟁력을 가질 수 있게 될 것이다.

　하지만 정보 기술 시대에 들어서면서 투입량이 늘어나면 늘어날수록 산출량이 그 이상으로 증가하는 ⓛ수확 체증의 법칙이 나타나기 시작했다. 이것은 생산의 규모가 늘어남에 따라 산출물의 평균 비용*이 감소하는 현상으로도 설명할 수 있다. 가령, IT 산업은 초기 비용은 많이 들지만 생산량이 증가해도 추가 비용은 거의 들지 않기 때문에 수확 체증의 현상이 나타나는 산업 분야라고 할 수 있다.

　수확 체증의 현상은 이와 같은 공급의 측면뿐 아니라 수요의 측면에서도 찾을 수 있다. 수요 측면에서의 수확 체증 현상은 흔히 ⓒ네트워크 외부성으로 인해 생긴다. 네트워크 외부성이란 어떤 제품을 사용하는 사람의 수가 많으면 많을수록 그 제품의 가치도 덩달아 커지는 것을 말한다. 따라서 특정 제품을 선호하는 ⓐ대중이 많을 경우, 시장 선점 효과*가 나타나므로 제품 생산을 계속 늘릴 수 있다.

　이처럼 수확 체증의 법칙이 작용하는 시장에서 기업은 시장 규모가 허락하는 선까지 생산 규모를 확대하면서, 경쟁 기업을 시장에서 완전히 몰아내려고 할 것이다. 또한 네트워크 외부성이 나타나면 시장을 선점한 기업이 상당히 유리한 지위를 갖게 되어, 신규 기업은 제품의 질이나 가격 면에서 경쟁력을 갖췄다 하더라도 시장에서 살아남기가 매우 어렵게 될 것이다. 이 때문에 정보 기술 시대에는 산업 사회 시대의 방식에 따라 경제를 예측하고 설명하는 것이 어려워진다.

* 평균 비용: 상품 한 단위를 생산하는 데 드는 비용.
* 시장선점효과 : 시장을 남보다 앞서서 차지함으로써 생기는 효과.

1. 윗글에서 언급하고 있지 <u>않은</u> 것은?

　① 수확 체감의 법칙이 나타나는 이유

　② 수확 체증의 법칙이 나타나는 이유

　③ 수확 체감의 법칙이 나타나는 산업

　④ 수확 체증의 법칙이 나타나는 산업

　⑤ 정보 산업의 초기 비용이 많이 드는 이유

2. 윗글을 바탕으로, 〈보기〉에 대해 이해한 내용으로 적절하지 <u>않은</u> 것은?

　(가) ㄱ제품의 평균 비용 곡선　　　　(나) ㄴ제품의 평균 비용 곡선

　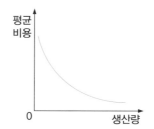

　(다) 대부분의 사람들은 오래 전부터 A사의 문서 작성 프로그램만을 널리 사용해 왔다. 최근 B사는 성능이 훨씬 개선된 문서 작성 프로그램을 개발하여 싸게 시장에 내놨지만 판매는 매우 부진했다.

　① (가)는 수확 체감의 법칙이 적용되는 산업이다.

　② (나)는 수확 체증의 법칙이 적용되는 산업이다.

　③ (다)의 A사의 제품에는 '네트워크 외부성'이 나타난다.

　④ (다)의 A사의 제품에는 (나)와 같은 현상이 나타난다.

　⑤ (다)의 B사 제품은 (가) 현상이 적용되기 때문에 판매가 어렵다.

📝 서술형 문제

1. ㉠의 뜻을 쉽게 설명해 보자.

2. ㉡의 뜻을 쉽게 설명해 보자.

3. ㉢의 뜻을 쉽게 설명해 보자.

📝 어휘력

1. ① ⓐ의 의미를 〈보기〉에서 찾아보자. ② A~E의 독음을 써 보자.

A [   ](大衆) : 사회를 구성하는 대다수의 사람들

B [   ](觀衆) : 구경하기 위해 모인 사람들

C [   ](群衆) : 한곳에 모여 있는 많은 사람들

D [   ](民衆) : 피지배 계급으로서의 일반 민중

E [   ](聽衆) : 듣기 위해 모인 사람들

나쁜 과학자들

비키 오렌스키 위튼스타인 지음
안희정 옮김, 서민 감수

preview

이 책은 의학이 과학이 되어 인간의 신체를 도구로 삼아 실험을 한 잔혹한 역사
를 구체적으로 보여준다. 아울러 이 책은 의술이 '윤리 없는 과학'으로 전락하는
이유는 의사가 악마여서가 아니라, 결과가 수단을 정당화한다는 믿음에 한 사회
혹은 개인이 강하게 유혹당하기 때문임을 알려준다. (다른 펴냄, 2014년)

 **사실적 사고**

1. 1800년대와 1900년대에도 아이나 성인에게 치료를 할 때 환자의 동의를 필요로 했다. (○ , ×) (23쪽)

2. "의사가 새로운 치료법을 적용하거나 시험할 때 도덕적 의무를 지켜야 한다"라고 말한 프랑스의 생리학자는 클로드 베르나르다. (○ , ×) (25쪽)

3. 열대 악성 전염병인 황열병은 1898년 미국-에스파냐 전쟁에 참가한 수많은 미군들을 죽음으로 내몰았다. (○ , ×) (32쪽)

4. 1946년 10월부터 1949년 4월까지 미국은 독일 뉘른베르크에서 '의사재판'이라고 알려진 특별군사재판을 열었다. (○ , ×) (51쪽)

5. 선포된 뉘른베르크 강령의, 사람을 대상으로 실험을 할 때 지켜야 할 윤리 기준 10가지 중 첫 번째 조항은 "실험대상자의 동의를 받아야 한다는 것"이다. (○ , ×) (54쪽)

6. "우생학"이라는 개념을 만든 사람은 1883년 영국의 과학자 프랜시스 골턴인데, 그는 찰스 다윈의 진화론에 영향을 받았다. (○ , ×) (56쪽)

7. 방사능이 체내에 축적되면 백혈병에 걸릴 수 있다. (○ , ×) (68쪽)

8. 1945년 8월 미국이 일본의 히로시마와 나가사키에 세계 최초의 원자 폭탄을 떨어뜨리면서 제2차 세계대전이 끝났다. (○ , ×) (72쪽)

9. 미국의 탈리도마이드 사건은 "입덧 개선제인 탈리도마이드를 복용한 임신 여성 수천 명에게서 선천적 기형아가 태어난 것"으로 역사상 가장 비극적인 의약품 사고다. (○ , ×) (100쪽)

10. 1979년 '벨몬트 보고서'는 인간을 대상으로 하는 의학 연구에서 반드시 지켜야 할 3가지 윤리 원칙을 담고 있는데, 그것은 인간존중의 원칙·선행의 원칙·정의의 원칙이다. (○ , ×) (106쪽)

WORD 이해와 분석

■ 선생님의 질문에 답한 뒤, 어휘의 의미를 파악해 보자.

1. 기니피그

임상 시험에 참가하는 건강한 사람들 중 많은 경우는 스스로를 인간 기니피그라고 부르는 전문 유료 실험 참가자들이다. (22-쪽3행, 124쪽-6행)

> **예문보기**
>
> 피험자의 자발성은 임상시험의 윤리성 확보에서 가장 중요하다.
>
>
> ① '피험자'와 유의관계인 어휘나 구절은?
>
> 　피험자 ≒ [　　　　　　　　　]
>
> ② '전문 유료 실험 참가자들'의 의미는?
>
> 　　[　　　　　　　　　　]
>
> 　기니피그란　　　　　　　　　　라는 뜻입니다.

2. 침묵의 음모

수감자들은 대부분 가난했고 교육 받지 못했으며 아프리카계 미국인이었다. 그들은 연구원을 비판하거나 성가신 질문을 거의 하지 않았다. 교도관, 연구원,

의사는 침묵의 음모로 연결되어 있었다. 그로 인해 교도소에서 벌어진 임상시험은 몇 년 동안 언론과 대중에게 노출되지 않고 진행될 수 있었다. (94쪽-6행)

① '침묵의 음모'에 함축되어 있는 서술자의 가치 평가는?

    [   ]

② '침묵의 음모'의 결과에 해당하는 구절은?

    침묵의 음모 → [   ]

    침묵의 음모란   라는 뜻입니다.

3. 봉합

의사들은 윌리엄스의 땀샘을 검사하기 위해 겨드랑이를 절개하는가 하면, 봉합에 사용된 수술용 실이 녹는지 알아보기 위해 실로 맨살을 꿰매기도 했다. (95쪽-6행)

예문보기

절단 부위를 봉합하다.

① '봉합'과 유의관계인 어휘는?

    봉합 ≒ [   ]

② '봉합'과 반의관계인 어휘는?

    봉합 ↔ [   ]

    봉합이란   라는 뜻입니다.

4. 유도

당시 미군은 홈스버그 교도소 운동장에 트레일러 3대를 설치하고 그곳에서 인체 실험을 했다. 1971년에는 미 중앙정보국까지 가세하여, 사실을 털어놓게 한다고 알려진 자백을 유도하는 약물과 감정을 조절하는 약물을 수감자들에게 비밀리에 투약했다. (92쪽-8행)

예문보기

그는 검사의 교묘한 말에 유도되어 허위로 자백을 하게 되었다고 주장하였다.

① '자백'과 유의관계인 구절은?

　　자백 ≒ [　　　　　　　　　　]

② '유도하다'와 '유도되다'의 차이는?

　　[　　　　　　　　　　　]

　　유도란　　　　　　　　　　라는 뜻입니다.

5. 변론

의사들은 이 실험이 실험 대상자들에게 해를 끼치지 않았다고 주장했다. 사실 윌로브룩 학교에 간염이 퍼졌을 때 실험에 참가한 아이들은 간염에 걸리지 않았는데, 의사들은 이 실험으로 인해 아이들이 간염에 대한 면역력을 가지게 된 덕분이라고 변명했다. 이러한 변명은 뉘른베르크 재판에서 나치 의사들이 자신을 변론하던 방식과 아주 비슷하다. 결과가 좋으면 수단은 아무 상관없다고 주장하는 것이기 때문이다. (97쪽-20행)

① '변론'과 유의관계인 어휘는?

변론 ≒ [   ]

② '변론하다'와 '주장하다'의 주체는 각각 누구인가?

변론하다의 주체 = [   ], 주장하다의 주체 = [   ]

변론이란   라는 뜻입니다.

6. 사회적 약자

'일반 규칙'이라고 알려진 이 연방법은 지적 장애인이나 어린아이 등과 같은 사회적 약자에 대한 연구를 엄격히 통제한다. 식품의약국도 신약과 새로운 의료 기구, 생물학적 의약품의 임상시험과 승인에 대해 유사한 규제안을 채택했다. (106쪽-14행)

예문보기

소수자는 적은 수의 사람이라는 뜻이다. 사회적 소수자란 사회적으로 힘이 없어 약자의 위치에 있는 사람들을 말한다.

 ① '사회적 약자'와 유의관계인 어휘는?

사회적 약자 ≒ [   ]

② '사회적 약자'의 예시에 해당하는 어휘는?

사회적 약자의 예시 = [   ]

사회적 약자란   라는 뜻입니다.

7. 고지하다

　유전자 치료는 원숭이와 사람에 대한 초기 바이러스 임상시험을 통해 이미 알려졌고 심지어 치명적인 부작용이 일어날 수 있음이 밝혀졌다. 그럼에도 의사들은 제시와 가족에게 부작용에 대해 고지하지 않았고 사전 동의도 받지 않았다. 연구자들은 연방 규제 기관과 임상시험 심사위원회에 부작용이 제시에게 생긴 사실을 고의적으로 알리지 않았다. (112쪽-13행)

예문보기

　피험자가 임상시험 참여를 앞두고 올바른 결정을 할 수 있도록 실험의 성격, 기간, 목적, 실험 방법 및 수단, 예상되는 불편 및 위험 등에 대한 충분한 정보가 제공되어야 한다.

① '피험자'에 해당하는 인물은?

　피험자 = [　　　　　　　　　]

② '고지하다'와 유의관계인 어휘는?

　고지하다 ≒ [　　　　　　　　　]

　고지하다란　　　　　　　　　　라는 뜻입니다.

추리와 논증

- 선생님의 설명을 듣고, [A~E]를 채워 보자.

1.

제 어린 시절을 돌아보려면 비르케나우에서 요제프 멩겔레의 인간 기니피그로 살았던 경험을 떠올려야 합니다. 그 끔찍했던 시절을 이야기하기 위해 인체 실험에 대한 공포를 다시 겪어야 했습니다. 그곳에서 사람은 그저 [A]에 불과했습니다. 거기에는 굴뚝에서 나오는 연기와 살이 타는 냄새, 주사기, 끝없이 반복된 혈액검사, 실험 도구들이 있었습니다. (45쪽)

① '인체 실험'의 구체화에 해당하는 구절은?

인체 실험의 구체화 = [   ]

② '요제프 멩겔레의 인간 기니피그'의 의미는?

요제프 멩겔레의 인간 기니피그 = [   ]

③ A = [   ]

2.

유대인 병원에서는 B'노인 환자' 22명에게 사전 동의 없이 암세포를 주사했다. 그런데 3명의 의사가 뉘른베르크 강령을 근거로 환자에게 주사 놓는 것을 거부했다. 그러자 다른 의사들이 대신 주사를 놓았다. 3명의 의사는 병원을 그만뒀다.

이러한 사실이 언론을 통해 알려졌다. 한 기자가 사우섬에게 왜 스스로에게는 암세포를 주사하지 않았는지 묻자, 사우섬은 이렇게 대답했다. "능력 있는 암 전문의는 희귀합니다. 바보처럼 작은 위험을 감수할 필요가 있을까요?" (98쪽)

① '3명의 의사는 병원을 그만뒀다'의 원인에 해당하는 구절은?

[   ] → 3명의 의사는 병원을 그만뒀다

② '능력 있는 암 전문의'가 가리키는 인물은?

[   ]

③ 윗글은 "사우섬이 B를 [   ]으로 취급했다"라는 사실을 폭로하고 있다.

3.

1979년 미국 '벨몬트 보고서'는 인간을 대상으로 하는 의학 연구에서 반드시 지켜야 할 3가지 윤리 원칙을 담고 있는데, 그것은 인간 존중의 원칙·선행의 원칙·정의의 원칙이다. 인간 존중의 원칙이란 인간이란 존중 받고 보호 받아야 한다는 것이다. 선행의 원칙이란 피험자에게 이익은 최대로 하고 손실은 최소화하는 것이다. 정의의 원칙이란 연구에서 생기는 이득을 누가 누리고 누가 그 부담을 감당해야 하는가에 관한 것이다. 이는 피험자를 선택할 때나 실험 결과를 누릴 때 [C]해야 한다는 것을 말하는 것이다. (105쪽)

① '실험 결과'가 실질적으로 의미하는 내용은?

　실험 결과 = [　　　　　　　　　　　]

② '존중 받아야 하는 사람'과 '보호 받아야 하는 사람'을

　구분하는 기준은?

　[　　　　　　　　　　　　　　]

③ C = [　　　　　　　　　　]

4.

　새로운 약과 치료법으로 막대한 이득을 얻을 수 있다는 전망이, 결과를 빨리 보려는 경쟁과 실험에 소요되는 기간의 압축을 부추겼다. 이로 인해 피험자의 [D]을 위태롭게 했다. (113쪽)

① '막대한 이득을 얻을 수 있다는 전망'의 결과에 해당하는 구절은?

　막대한 이득을 얻을 수 있다는 전망 → [　　　　　　]

② '경쟁과 실험에 소요되는 기간의 압축'의 결과에 해당하는 구절은?

　경쟁과 실험에 소요되는 기간의 압축 → [　　　　　]

③ D = [　　　　　　　　　　]

5.

　근대 이후 본격화된 동물실험은 오늘날 상당한 의과학적인 성과를 낳았지만, 실험동물에 대한 윤리적 인식이 향상됨에 따라, 동물실험의 정당성이 의과학적 성과로 평가될 수 있는 것인지 의심받고 있다. 동물실험의 정당성을 가정한다고 하더라도, 실험동물에 대한 윤리적 고려인 '3R의 원리'를 지켜야 한다. 3R의 원리란 동물실험에서 선택되는 동물의 대상과 수, 그리고 [E] 실험동물이 경험하게 되는 실험과정에 관한 세 가지 가이드라인이다.

① '근대 이후 동물실험'의 결과에 해당하는 구절은?

　　근대 이후 동물실험 → [　　　　　　　　　　　]

② '동물실험은 정당하다'로 평가되기 위한 전제에 해당하는 구절은?

　　[　　　　　　　　　] → 동물실험은 정당하다

③ E가 가리키는 내용을 생각해 보자.

　　[　　　　　　　　　　]

 LOGIC 창의와 사고

1.

뉘른베르크 재판에서 나치 의사들은 그들이 저지른 인체 실험을 부끄러워하지
않았다. 아울러, ㉠ ~ ㉤처럼 주장했다. ㉠ ~ ㉤ 중 하나를 골라 반박해 보자.
(52쪽)

1945년 독일 뉘른베르크 전범재판정에서

㉠ 연구 기간이 전쟁 중이었으므로 정당하다.

㉡ 연구 대상으로 삼은 대상은 사형선고를 받은 범죄자들이었으므로 정당하다.

㉢ 연구 윤리에 관한 보편적인 기준이 존재하지 않았으므로 정당하다.

㉣ 연구의 필요성을 국가가 결정했고 의사들은 단지 명령을 따랐을 뿐이므로
정당하다.

㉤ 연구에 의해 의학 발전이라는 결과를 가져온 것이므로 정당하다.

1.

ⓐ ~ ⓒ의 임상시험 중 가장 위험한 시험은?

ⓐ 시험 대상은 건강한 사람들이다.

ⓑ 시험 대상은 상태를 개선하고자 하는 환자이다.

ⓒ 시험 대상은 특정 질병을 가지고 있는 환자 수천 명이다.

	임	상	시	험	인		ⓐ	,	ⓑ	,	ⓒ		중		가	장		위	험
한		시	험	은		[	]	이	다	.	왜	냐	하	면					

이어 쓰세요.

📝 수능형 문제

※ 다음 글을 읽고 물음에 답하시오.

(가) 유비 논증은 두 대상이 몇 가지 점에서 유사하다는 사실이 확인된 상태에서 어떤 대상이 추가적 특성을 갖고 있음이 알려졌을 때 다른 대상도 그 추가적 특성을 가지고 있다고 추론하는 논증이다. 유비 논증은 이미 알고 있는 전제에서 새로운 정보를 결론으로 도출하게 된다는 점에서 유익하기 때문에 일상생활과 과학에서 흔하게 쓰인다. 특히 의학적인 목적에서 포유류를 대상으로 행해지는 동물 실험이 유효하다는 주장과 그에 대한 비판은 유비 논증을 잘 이해할 수 있게 해 준다.

(나) 유비 논증을 활용해 동물 실험의 유효성을 주장하는 쪽은 인간과 실험동물이 유사성을 보유하고 있기 때문에 신약이나 독성 물질에 대한 실험동물의 반응 결과를 인간에게 안전하게 적용할 수 있다고 추론한다. 이를 바탕으로 이들은 동물 실험이 인간에게 명백하고 중요한 이익을 준다고 주장한다.

(다) ⓐ도출한 새로운 정보가 참일 가능성을 유비 논증의 개연성이라 한다. 개연

성이 높기 위해서는 비교 대상 간의 유사성이 커야 하는데 이 유사성은 단순히 비슷하다는 점에서의 유사성이 아니고 새로운 정보와 관련 있는 유사성이어야 한다. 예를 들어 ㉠'동물 실험의 유효성을 주장하는 쪽'은 실험동물로 많이 쓰이는 포유류가 인간과 공유하는 유사성, 가령 비슷한 방식으로 피가 순환하며 허파로 호흡을 한다는 유사성은 실험 결과와 관련 있는 유사성으로 보기 때문에 자신들의 유비 논증은 개연성이 높다고 주장한다. 반면에 인간과 꼬리가 있는 실험동물은 꼬리의 유무에서 유사성을 갖지 않지만 그것은 실험과 관련이 없는 특성이므로 무시해도 된다고 본다.

(라) 그러나 ㉡'동물 실험을 반대하는 쪽'은 유효성을 주장하는 쪽을 유비 논증과 관련하여 두 가지 측면에서 비판한다. 첫째, 인간과 실험동물 사이에는 위와 같은 유사성이 있다고 말하지만 그것은 기능적 차원에서의 유사성일 뿐이라고 ⓑ반박한다. 인간과 실험동물의 기능이 유사하다고 해도 그 기능을 구현하는 인과적 메커니즘은 동물마다 차이가 있다는 과학적 근거가 있는데도 말이다. 둘째, 기능적 유사성에만 주목하면 서도 막상 인간과 동물이 고통을 느낀다는 기능적 유사성에는 주목하지 않는다는 것이다. 인간은 자신의 고통과 달리 동물의 고통은 직접 느낄 수 없지만 무엇인가에 맞았을 때 신음소리를 내거나 몸을 움츠리는 동물의 행동이 인간과 기능적으로 유사하다는 것을 보고 유비 논증으로 동물이 고통을 느낀다는 것을 알 수 있는데도 말이다.

(마) 요컨대 첫째 비판은 동물 실험의 유효성을 주장하는 유비논증의 개연성이 낮다고 지적하는 반면 둘째 비판은 동물도 고통을 느낀다는 점에서 동물 실험의 윤리적 문제를 제기하는 것이다. 인간과 동물 모두 고통을 느끼는데 인간에게 고통을 끼치는 실험은 해서는 안 되고 동물에게 고통을 끼치는 실험은 해도 된다고 생각하는 것은 공평하지 않다고 생각하기 때문이다. 결국 윤리성의 문제도 일관되지 않게 쓰인 유비 논증에서 비롯된 것이다. 유비논증을 상황에 따라 적절하게 수행한다면 삶에서 긍정적인 효과를 거둘 수 있을 것이다.

1. (가)~(마)에 대한 이해로 적절하지 않은 것은?

① (가) : 유비 논증의 개념과 유용성을 소개하고 있다.

② (나) : 동물 실험의 유효성 주장에 유비 논증이 활용되고 있음을 언급하고 있다.

③ (다) : 동물 실험을 예로 들어 유비 논증이 높은 개연성을 갖기 위한 조건을 설명하고 있다.

④ (라) : 동물 실험 유효성 주장이 유비 논증을 잘못 적용하고 있다는 비판을 소개하고 있다.

⑤ (마) : 동물 실험 유효성 주장이 갖는 현실적 문제들을 유비논증의 차원을 넘어서 살펴보고 있다.

2. ⊙과 ⓒ에 대한 설명으로 가장 적절한 것은?

① ⊙과 ⓒ은 모두 인간과 동물이 기능적으로 유사하면 인과적 메커니즘도 유사하다고 생각한다.

② ⊙이 ⓒ의 비판에 적절히 대응하기 위해서는 인간과 동물이 기능적으로 유사하지 않다는 것을 보여 주면 된다.

③ ⓒ은 ⊙이 인간과 동물 사이의 기능적 차원의 유사성과 인과적 메커니즘의 차이점 중 전자에만 주목한다고 비판한다.

④ ⓒ은 ⊙과 달리 인간과 동물이 유사하지 않으면 동물 실험결과는 인간에게 적용할 수 없다고 생각한다.

⑤ ⓒ은 ⊙과 달리 인간이 고통을 느끼는 것과 동물이 고통을 느끼는 것은 기능적으로 유사하지 않다고 생각한다.

📝 서술형 문제

1. '유비논증'을 정의해 보자.

2. ⓐ의 의미는 무엇인지 쉽게 풀어서 써 보자.

3. 다음은 동물 실험의 유효성을 주장하는 쪽의 논리다. 결론을 채워 보자.

전제1 : 인간과 실험동물은 유사하다
전제2 : 신약에 대한 동물 반응은 신약에 대한 인간 반응과 유사하다
결론 : [   ]

📝 어휘력

1. ① ⓑ의 의미를 〈보기〉에서 찾아보자. ② A~E의 독음을 써보자.

A [   ](反駁) : 남의 견해나 비판에 맞서서 자기의 주장을 펼침

B [   ](反擊) : 의견이나 영향 따위를 받아들여 나타냄

C [   ](反映) : 좋고 나쁨, 옳고 그름 따위를 가려서 앎

D [   ](反證) : 어떤 사실이나 의견을 증거를 들어 뒤엎음

E [   ](反芻) : 되풀이해서 음미함

이성은 신화다, 계몽의 변증법

권용선 지음

preview

이 책은 『계몽의 변증법』을 알기 쉽게 쓴 것이다. 『계몽의 변증법』은 워낙 난해해서 책 많이 읽는다는 사람에게도 독파한 책 목록으로 삼기 어려운데, 이와 같은 이해의 사다리가 있다는 것은 참으로 반가운 일이다. 이 책의 필자인 권용선은 참으로 어려운 일을 해냈다. (그린비 펴냄, 2003년)

FACT CHECK 사실적 사고

1. 벤야민은 피레네 산맥을 넘다가 파시스트에게 체포될 것 같아 자살했다.
   (○ , ×) (25쪽)

2. 호르크하이머는 유대인이다. (○ , ×) (15쪽)

3. 아도르노의 어머니는 처녀 시절 성악가였다. (○ , ×) (28쪽)

4. 『계몽의 변증법』은 한 편의 논문, 그 논문에 대한 두 편의 부연 설명, 그리고
   세 개의 부록으로 이루어진 책이다. (○ , ×) (37쪽)

5. 「게르니카」는 피카소가 그린 그림이다. (○ , ×) (51쪽)

6. 『계몽의 변증법』의 문제 의식은 "왜 인류는 진정한 인간적인 상태에 들어서기
   보다 새로운 종류의 야만 상태에 빠졌을까"이다. (○ , ×) (52쪽)

7. 진화론에 의해 지구상의 모든 생명체는 인간을 기준으로 분류되고 기록된다.
   (○ , ×) (72쪽)

8. 아도르노는 그의 저서 『일반언어학 강의』에서 개념과 청각영상을 각각 기의와 기표라고 불렀다. (○ , ×) (86쪽)

9. "별이 빛나는 창공을 보고, 갈 수가 있고 또 가야만 하는 길의 지도를 읽을 수 있던 시대는 얼마나 행복했던가?"라는 문장은 루카치의 『소설의 이론』에 나온다. (○ , ×) (99쪽)

10. 아도르노와 호르크하이머는 대량생산 체제가 만들어낸 상품으로서의 문화를 '문화산업'이라고 불렀다. (○ , ×) (174쪽)

WORD 이해와 분석

■ 선생님의 질문에 답한 뒤, 어휘의 의미를 파악해 보자.

1. 호의와 폭력

계몽 이성이 자기 앞에 있는 객관적 대상을 지배하기 위해 취하는 태도는 두 가지다. 권위를 발휘하며 호의를 베풂으로써 자율적으로 지배의 체제 안으로 들어오게 하거나, 권력을 발휘하여 불이익을 강제함으로써 타율적으로 지배의 체제 안으로 들어오게 하는 것이다. 여기서 호의와 폭력의 의미를 비유적으로 표현하면 [   ]다. (74쪽-2행)

① '자율적으로'와 반의관계인 어휘는?

자율적으로 ↔ [   ]

② '호의'와 문맥상 반의관계인 어휘는?

호의 ↔ [   ]

호의와 폭력의 비유적 표현이란   입니다.

2. 훈육

푸코가 말한 대로, '감시와 처벌'의 근대적 권력 체계는 명령을 반복적으로 수행하도록 하는 훈육을 통해 순종하는 신체, 획일화된 계몽의 육체를 만들어낸다. (81쪽-5행)

예문보기

훈육은 신체 활동과 장소의 이동 그리고 일과표에다 미세한 통제를 가하는 일이다.

군대에서 행해지는 훈련은 푸코가 말하는 훈육을 가장 잘 설명해주는 사례다.

 ① '통제'와 문맥상 유의관계인 어휘는?

　　　통제 ≒ [　　　　　　　　　　　]

② '군대에서 행해지는 훈련'에 포함된 활동에 해당하는 구절은?

　　　[　　　　　　　　　　]

　　　훈육이란　　　　　　　　　　라는 뜻입니다.

3. 통어(通語)

　주술사의 언어는 사물 속에 있다고 믿어지는 정령의 말과 인간의 언어를 통어하는 매개체였다. (83쪽-3행)

예문보기

　샤먼이란 신이나 정령으로부터 힘을 얻어 신이나 정령과 직접 교류하는 사람을 말한다.

 ① '주술사'와 유의관계인 어휘는?

　　주술사 ≒ [　　　　　　　　]

② '통어'와 문맥상 유의관계인 구절은?

　　통어 ≒ [　　　　　　　　]

　　통어란　　　　　　　　　라는 뜻입니다.

4. 가상

아도르노는 '사실 그 자체' 혹은 '있는 것'으로서의 현실적 존재와 그것이 불러일으키는 효과인 '자명함을 부정'하기 위한 방법으로 '심미적 가상'으로서의 예술작품에 관심을 기울였다. (88쪽-17행)

예문보기

시인 백석이 그려낸 고향의 모습은 기억에 의한 고향의 모습이 아니라, 소망으로서의 심미적 고향이다. 그러므로 백석의 시는 현실을 재현한 것이 아니라 현실을 심미적으로 구성한 것이라고 해야 더 적절하다.

① '가상'과 반의관계인 구절은?

가상 ↔ [   ]

② '가상'과 문맥상 유의관계인 구절은?

가상 ≒ [   ]

가상이란   라는 뜻입니다.

5. 이완

벤야민에 따르면 회화나 조각과 같은 전통 예술작품은 몰입을 요하는 반면, 사진, 영화 등의 기술적 매체들은 관객으로 하여금 이완된 수용의 자세를 허락한다. (132쪽 변형)

예문보기

그림과 같은 전통적인 예술작품의 지각 방식은 집중적인 관람을 요구하는 반면 영화와 같은 현대적인 예술작품의 지각 방식은 분산적인 관람도 허용한다.

① '이완'과 반의관계인 어휘는?

이완 ↔ [   ]

② '이완'과 문맥상 유의관계인 어휘는?

이완 ≒ [   ]

이완이란   라는 뜻입니다.

6. 표준화

아도르노가 만난 미국의 문화산업은 지배 계층에 의해 대중을 표준화시켜 자본의 노예로 전락시키는 효과적인 지배수단일 뿐이었으며, 결국 그것은 나치의 지배 구조가 대중문화에 적용된 사례에 불과했다. (37쪽 변형)

예문보기

아도르노는 표준화된 대중예술에 열광하는 대중을 가리켜 통조림 취향이라고 평가했다.

 ① '표준화된 대중예술'의 비유적 의미에 해당하는 어휘는?

표준화된 대중예술의 비유적 의미 = [   ]

② '나치의 지배 구조가 대중문화에 적용된' 결과에 해당하는 어휘는?

[   ]

표준화란   라는 뜻입니다.

추리와 논증

■ 선생님의 설명을 듣고, [A~G]를 채워 보자.

1.

사이렌이란, 『오디세우스』에 등장하는 마녀 자매의 이름이다. 그들은 아름다운 노래로 선원들을 유혹하여 죽음에 빠뜨리는 마성적 존재들이다. 오디세우스는 여신 키르케의 조언을 통해 그들의 존재와 그에 대한 대처 방법을 알고 있었다.

가장 현명한 방법은 사이렌의 노래를 듣지 않는 것이다. 오디세우스는 노 젓는 부하들의 귀를 밀랍으로 봉하게 했다. 그러나 키르케는 오디세우스에게 노래를 듣고 싶다면, 귀를 열어두는 대신 몸을 마스트에 묶어두라고 했다.

『계몽의 변증법』의 저자 아도르노와 호르크하이머에게 '사이렌'이란 주술적인 시대의 마법을 가리키는 상징이었다. 그러나 계몽의 시대에 이 사이렌은 탈마법화의 상징이 된다. 신화의 주술적 언어가 기록되면서 계몽의 언어로 바뀐 것이다. 그러므로 사이렌의 의미는 [A]에 따라 다르다. (134쪽)

① '여신 키르케의 조언'에 해당하는 구체적인 내용은?

여신 키르케의 조언 = [   ]

② '주술'과 유의관계인 어휘 혹은 구절은?

주술 ≒ [   ]

③ A = [   ]

2.

가부장적 질서 속에서 강하게 뿌리내리고 있던 가정이라는 제도는 경제적 토대의 변화와 함께 몰락한다. 노동하지 않는 인간을 배제하는 계몽의 체계에 편입되기 위해서는 누구나 성실한 [B]가 되어야 한다. (167쪽)

① '계몽의 체계에 편입되는 조건'에 해당하는 어휘는?

　　계몽의 체계에 편입되는 조건 = [　　　　　　　　　　　　]

② '가부장적 가정이라는 제도'를 유지시키는 동력은? [　　　　　]

③ B = [　　　　　　　　　　　　]

3.

인간에게도 동일성의 원리를 적용할 수 있는 힘을 행사할 수 있는 기술이야말로 대중문화 생산 주체가 갖고 있는 힘의 정체다. 이 힘을 기술적 합리성이라고 한다. 대중문화 주체는 이 기술로 대중문화 소비자들이 대중문화에서 동일한 것을 원하도록 만들 수 있다. 다시 말해서 대중문화 생산 주체는 기술적 합리성을 사용하여 대중문화 소비자들의 욕망을 [C]하고 있다. (180쪽)

① '기술적 합리성'의 사용 결과에 해당하는 구절은?

　　기술적 합리성의 사용 결과 = [　　　　　　　　　　]

② '대중문화의 생산자'를 '대중문화의 생산 주체'라고 씀으로써

　　얻는 효과는? [　　　　　　　　　　　]

③ C=[　　　　　　　　　　　]

4.

아름다운 여배우가 광고를 통해 선전하는 화장품은 그 여배우의 미와 화장품의 소비를 등치시킨다. 그 여배우가 바르는 화장품을 바르면 당신도 [D]는 메시지를 광고는 끊임없이 시청자에게 보낸다. (221쪽)

① '여배우의 미와 화장품의 소비를 등치시킨다'의 의미는?

　　　[　　　　　　　　　　　　　　　]

② 위 지문에서 '광고'의 기능을 추리하면?

　　　[　　　　　　　　　　　　　　　]

③ D = [　　　　　　　　　　　　　]

5.

사이비 개성은 문화산업 시대가 만들어낸 가짜 개성이다. 진짜 개성이란 남들과 다른 나에 해당하는 특수성이 있어야 한다. 그러나 문화산업 시대에 추구되는 개성이란 남들과 다른 나를 두려워하여 추구되는 것이기 때문에 남들을 모방하는 나로 나타나게 된다. 아도르노가 문화산업의 상품을 사용하여 개성을 표현하는 것을 가리켜 [E]이라고 부르는 이유는 바로 이 때문이다. (238쪽)

① '사이비 개성'과 유의관계인 구절은?

　　사이비 개성 ≒ [　　　　　　　]

② '사이비 개성'과 반의관계인 어휘는?

　　사이비 개성 ↔ [　　　　　　　]

③ E = [　　　　　　　　　]

6.

표준화가 문화에 적용되면 그 특징은 [F]으로 나타난다. 이 사실은 문화산업의 상품들이 얼마나 무차별적인 관계를 이루고 있는지를 보여준다. 예를 들면, '소녀시대'의 〈지〉가 그러하다. '소녀시대'와 계열적 관계에 있는 다른 그룹의 노래들도 개성화보다는 성공적인 형식을 반복함으로써 쉽게 시장적 수요를 창출한다. (181쪽 변형)

서현 : 너무 너무 멋져 눈이 눈이 부셔 숨을 못 쉬겠어 떨리는 Girl

Gee Gee Gee Gee Baby Baby Baby Baby Gee Gee Gee Gee Baby Baby Baby Baby

티파니 : Oh! 너무 부끄러워 쳐다 볼 수 없어 사랑에 빠져서 수줍은 Girl

Gee Gee Gee Gee Baby Baby Baby Baby Gee Gee Gee Gee Be Be Be Be Be Be

① '표준화'와 유의관계인 어휘는?

표준화 ≒ [   ]

② '표준화'와 반의관계인 어휘는?

표준화 ↔ [   ]

③ F = [   ]

7.

MBC 〈나가수〉는 오래된 히트송을 매회 편곡 방영한다. 이로 인해 대중은 매번 새로운 문화를 접한다고 오인한다. 그러나 유사한 양식의 반복은 [G]시켜 반복 사용하는 것에 지나지 않기 때문에 편곡은 '사이비 개성화'와 다를 것이 없다. 이러한 음악은 아도르노가 '동일성의 원리'라며 비판했던 전형적인 문화산업의 상품인 것이다. (188쪽 변형)

① 〈나가수〉는 매회 편곡 방영한다'의 결과에 해당하는 구절은?

[   ]

② 필자는 편곡'의 실체가 어떤 것이라고 생각하는가?

[   ]

③ G = [   ]

![LOGIC] **창의와 사고**

1.

ⅰ) (나)통해 (가)의 ㉠ ~ ㉢을 비판해 보자.

ⅱ) (나)의 ⒜동일성의 원리를 (가)를 통해 쉽게 설명해 보자.

보기

(가) 〈나는 가수다〉는 가수들의 경연 프로그램이다. 〈나가수〉는 세 가지 전략을 사용하여 성공했다.

㉠ '리메이크' 전략이다. 새로운 곡의 생산과 유통은 많은 위험 부담이 따르는 일이며, 이에 따라 흥행이 어느 정도 보장된 예전의 히트곡을 찾아 내 상품화하는 것이 여러 측면에서 합리적이었을 것이다.

㉡ '리얼리티' 전략이다. 〈나가수〉는 공연과 함께 방송하는 개인 인터뷰에서 가수들은 공연을 준비하며 어려웠던 심경을 마치 모노드라마의 배우처럼 독백한다. 가수들의 이야기를 통해 리얼리티 효과는 극대화되는 동시에 청중들의 감정 이입은 좀더 용이해진다. 고난의 시간을 거치고 무대 위에서 열창하는 가수의 모습은 보다 큰 호소력과 흡인력을 지닐 수밖에 없다. 그리고 공연을 지켜보는 청중들의 도취된 표정은 TV를 통해 시청자들에게 확대 재생산된다.

㉢ '경쟁 구도' 전략이다. 경쟁 속에는 언제나 승자와 패자가 공존한다. 고백에서 드러나는 가수들의 고뇌는 음악적 성찰이기보다는 경쟁에서 도태될지도 모른다는 불안감의 표명이며, 탈락한 가수들에 대한 시청자들의 반응은 격려라기보다는 패배자에 대한 비난과 질책에 가깝다. 생존과 탈락의 구조는 '적자생존' 논리에 경도된 우리 사회의 비정한 현실을 그대로 담고 있는 것이다.

(나) 아도르노가 문화산업론에 경고를 보낸 핵심은 자본에 타협해 버린 대중문화, 특수를 보편에 포섭시키는 Ⓐ동일성의 원리인 것이다. 〈나가수〉의 애초 의도는 노래 잘하는 가수가 누구인지, 잘 하는 노래란 어떤 것인지 보여주겠다는 것이었지만, 이 의도는 〈나가수〉가 사용한 전략에 의해 상실되고, 의도와는 다르게 문화산업의 특징만을 강하게 보여준 프로그램이 되고 말았다.

ESSAY 주제와 표현

1.

〈보기〉를 읽고, '시리즈의 상호텍스트성'이 무엇인지 설명한 뒤, '해리포터 시리즈'에 대해 쉽게 설명해 보자. (200자)

보기

『해리 포터』는 영국의 작가 조앤 K. 롤링이 쓴 판타지 소설이다. 1997년 해리 포터 시리즈 제1권인『해리포터와 마법사의 돌』이 영국에서 출간된 것을 시작으로, 총 7권이 나왔다. 그러므로 이 7권을 가리키는 정확한 명칭은 '해리 포터'가 아니라 '해리 포터 시리즈'다.

소설만이 아닌 다른 장르로까지 확장된 시리즈로도 볼 수 있다. 원작소설이 영화가 되고, 게임이 되었기 때문이다. '해리 포터 시리즈'는 확장되면서 서로 영향을 미치게 되는데, 이를 상호텍스트성이라 한다. '해리 포터 시리즈'는 텍스트와 텍스트가 서로 영향을 미치면서 바뀌어 나가는 현대적 전환 유형을 아주 잘 보여주는 작품이다. 현대적 전환 유형을 그림으로 나타내면 다음과 같다.

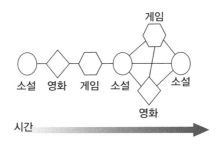

수능형 문제

※ 다음 글을 읽고 물음에 답하시오. [2017 EBS 수능특강 독서]

아도르노에 의하면 현대사회는 동일성의 원리에 의해 관리된다. 동일성의 원리란 주체가 대상을 파악하고 관리하게 위해 서로 다른 대상들을 동일한 하나의 형식으로 강제하여 지배하는 원리를 말한다. 동일성의 원리에 의하면 각각의 상품들은 고유한 사용 가치의 대상이 아니라 교환 가치의 대상으로서 동일한 것이 된다.

㉠ 아도르노가 나치즘의 사회에서 발견한 이 동일성의 원리는 문화산업에 적용된다. 문화산업 상품들은 사람들로 하여금 동질적으로 사고하게끔 유도하는 효과적인 수단으로 작용하고 있다는 것이다. 그가 대중문화를 가리키는 말로 문화산업이라는 용어를 사용하는 것은 이 때문이다. 문화가 산업이 되었으니 문화는 그 고유 가치에 의해 존재하는 것이 아니라 시장성에 의해 존재하게 되었

다는 것이다.

아도르노는 이러한 문화산업의 특징을 표준화와 사이비 개성화로 설명한다. 표준화는 대량 생산 체제가 고안해낸 산물로서 대중문화가 겪을 수밖에 없는 본질적 특성이다. 예를 들어 대중음악은 몇 가지의 표준적인 구성 원칙을 따르고 있다. 그래서 인기 가요의 처음 몇 마디만 들어도 노래가 어떻게 진행될지를 짐작할 수 있으며, 대중은 자신의 추측이 맞아떨어지면서 만족감을 느낀다. 아울러 특정 상품이 인기를 얻어 성공하게 되면 새로 만들어지는 수많은 상품들은 그것을 모방하게 되는데, 이 과정에서도 표준화가 작동하게 된다.

이러한 표준화와 함께 나타나는 특징이 사이비 개성화. 표준화에 성공한 경우 대중이 식상하게 느끼지 않도록 문화산업은 대중에게 뭔가 예전의 것과는 다른 것을 주어야 할 필요를 느끼게 되는데 이 과정에서 새로움의 요소를 첨가하게 된다. 그러나 이 차이란 또다른 표준화라는 점에서 개성화가 아니라 사이비 개성화에 불과하다.

그렇다면 문화산업이 대중에게 미치는 영향은 무엇일까? 아도르노는 문화산업이 소외를 준다고 말한다. 소외란, 주체가 대상화 되는 일을 말한다. 문화적 주체가 대상이 되고, 문화적 객체가 주인 노릇을 하는 현상이 대중문화 현장에서 벌어진다는 것이다. 또한 표준되고 획일적인 문화산업의 산물은 수용자로 하여금 기계적이고 수동적으로 반응하게 함으로써 대중의 적극적이고 반성적인 사유를 약화시킨다고 말한다. 동일한 것 혹은 유사한 것을 감상하는 일이란 별다른 노력 없이도 문화산업의 상품들을 이해할 수 있게 되는 일을 의미하므로 대중문화를 통한 지적 발전을 기대하기 어렵다는 것이다. 수용자는 제작자에 의해 이미 기대된 역할 혹은 감동을 경험하게 될 뿐이라는 것이다. 요컨대 아도르노는 자본주의적 시장 경제와 상품화가 총체적으로 진행될수록 문화의 질적 하락이 가속화될 것으로 보았다는 점에서 자본주의 시대의 문화산업을 부정적으로 예언했다 할 것이다.

1. 윗글의 표제와 부제로 적절한 것은?

　① 대중문화의 필요성과 의의

　　　-아도르노의 동일성의 원리를 중심으로

　② 문화산업의 전략과 사회적 영향

　　　-아도르노의 표준화를 중심으로

　③ 현대 대중문화의 양과 질

　　　-양적 대량화와 질적 하락

　④ 현대 대중문화에 대한 비판적 고찰

　　　-아도르노의 문화산업론을 중심으로

　⑤ 자본주의적 문화 상품의 순기능과 역기능

　　　-문화산업 제작자의 이익과 소비자의 소외

2. 윗글의 아도르노와 〈보기〉의 피스크에 대해 이해한 내용으로 적절하지 <u>않은</u> 것은?

　피스크는, 아도르노가 문화산업에 대해 이해하는 방식에 대해 반대하면서, 대중문화가 대중에게 어떻게 수용되고 있는가를 연구해야 한다고 주장했다. 피스크에 따르면 대중문화의 산물들은 수용자의 입장에서 창조적으로 수용될 수 있으며, 대중 또한 능동적인 의미 창출이 가능한 존재라고 보았다. 또한 대중문화를 통해 수용자가 경험하게 되는 것은 의식을 마비시키는 소모적인 것이 아니라 자발적인 몸의 쾌락으로 보았다. 쾌락을 향유한다는 것은 '바깥에서'가 아니라 '안에서' 가능한 것이며, 자기 자신에 대한 존중이 있어야 가능한 것이며, '주어진' 것이 아니라 '생산해낸' 것이라고 보았다.

① 피스크는 대중문화 수용 결과를 긍정적으로 본다.

② 아도르노는 대중문화 수용 결과를 부정적으로 본다.

③ 피스크는 대중문화를 통한 쾌락을 긍정적으로 본다.

④ 아도르노는 대중문화를 통한 감동을 부정적으로 본다.

⑤ 피스크와 아도르노는 모두 대중문화 생산자의 역할을 긍정하고 있다.

📝서술형 문제

1. ㉠이 어떠한 것인지에 대해 쉽게 설명해 보자.

2. 윗글을 참고로 하여 〈보기〉의 A와 B에 대해 쉽게 설명해 보자.

'문화산업'의 소비자는 자본의 기획에 따라 생성된 A '오토마톤(automaton, 로봇)' 혹은 자본주의적 물신에 접신한 B '문화얼간이(cultural dope)'로 간주될 수 있다.

📝 어휘력

1. 다음 관용어의 의미는 무엇인지 쉽게 풀어서 써 보자.

　　① 국수를 먹다
　　② 김칫국을 마시다
　　③ 머리를 올리다
　　④ 말짱 도루묵
　　⑤ 미역국을 먹다
　　⑥ 바가지를 쓰다
　　⑦ 바가지를 긁다
　　⑧ 발목을 잡히다
　　⑨ 시치미를 떼다
　　⑩ 산통을 깨다
　　⑪ 한 우물을 파다

달팽이 더듬이 위에서
티격태격, 와우각상쟁

권오길 지음

preview

이 책은 청소년들에게 두 가지 유익함을 준다. 하나는 꼭 알아야 하는 속담·사
자성어·관용어를 익히게 된다는 점이다. 다른 하나는 이 책의 필자가 생물학자
이기 때문에 사전적 의미만으로는 이해하기 어려운 우리말에 깃든 생물 이야기
를 매우 흥미롭게 읽게 된다는 점이다. (지성사 펴냄, 2013년)

FACT CHECK 사실적 사고

1. 쪽빛을 다른 말로는 남빛이라 한다. (○ , ×) (22쪽)

2. 뚱딴지는 돼지감자다. (○ , ×) (38쪽)

3. 보통 사냥매를 '송골매'라 부르고, 새끼 때부터 길들인 1년짜리 것을 '보라매'라 부른다. (○ , ×) (47쪽)

4. '침 먹은 지네', '꿀 먹은 벙어리', '벙어리 냉가슴 앓듯'은 같은 뜻으로 쓰인다. (○ , ×) (49쪽)

5. '가재 뒷걸음'이나 '게 옆걸음'이나 둘 다 앞으로 바로 가지 않는 것은 마찬가지라는 점에서 '피장파장'의 뜻이다. (○ , ×) (48쪽)

6. '벼룩의 간'이란 식성 좋은 사람을 말한다. (○ , ×) (83쪽)

7. '학질'이라는 병은 모기가 퍼뜨린다. (○ , ×) (88쪽)

8. '해로동혈'을 부부애의 대명사로 부르는 까닭은 바다수세미 안에 '해로'하는

한 쌍의 '동혈' 새우가 있기 때문이다. (○ , ×) (105쪽)

9. '간담상조'란 "간을 꺼내 보인다"라는 뜻으로 서로 속마음을 터놓고 친하게 지

　　낸다는 뜻이다. (○ , ×) (157쪽)

10. "참새가 방앗간을 그냥 지나라"에서 '방앗간'은 올조밭을 말한다.

　　(○ , ×) (184쪽)

📖 WORD 이해와 분석

■ 선생님의 질문에 답한 뒤, 어휘의 의미를 파악해 보자.

1. 반포지효

까마귀는 다 커서도 결코 멀리 가지 않고 계속 어미 가까이 머물면서 먹잇감을 물어다 부모를 먹인다고 하여 옛 사람들은 까마귀를 효조 혹은 반포조라 했고, 까마귀의 행위를 반포지효(反哺之孝)라 했다. 그러나 실제로 까마귀가 먹이를 부모에게 직접 먹인 것은 아니다. (36쪽-15행)

예문보기

까마귀를 반포, 곧 자식이 커서 부모를 봉양하는 새로 보는 것은 사실에 입각했다기보다는 어떤 주장이 학습을 통해 관념화되고, 이것이 후에는 아무 의심 없이 사실처럼 받아들여졌다고 본다. 즉 까마귀를 반포조라고 부르는 것은 하나의 문화적 상징으로서, 사실이라기보다는 시대적 사상으로 이해해야 하는 것이다.

① '반포'와 유의관계인 구절은?

반포 ≒ [   ]

② 까마귀가 '반포' 행위를 하지 않는 데도 '효조'로
   불리는 이유는?

[   ] → 효조

반포지효란   라는 뜻입니다.

2. 초록은 동색

'가재는 게편'이라는 말은 형편이 서로 비슷하고 인연이 있는 것끼리 서로 잘 어울림을 의미하는데, '유유상종'이나 '초록은 동색'도 같은 뜻이다. 초록은 동색이란 초(草)와 록(綠)은 같은 색이라는 뜻이다. (67쪽-6행)

예문보기

신경림의 시 「파장」에는 "못난 놈들은 서로 얼굴만 봐도 흥겹다"라는 구절이 나온다.

① '가재는 게편'과 유의관계인 어휘나 구절은?

가재는 게편 ≒ [   ]

② '못난 놈들은 서로 얼굴만 봐도 흥겹다'의 의미에 해당하는 어휘나 구절은?

[   ]

초록은 동색이란   라는 뜻입니다.

3. 우후죽순

우후죽순이란 비가 온 뒤에 홀연히 죽순이 여기저기서 솟는 것을 말한다. 죽순은 하루에 50센티미터 넘게 자라는 것도 있다. 어떤 일이 한때에 많이 생겨남을 뜻할 때에도 이 말을 쓴다. (122쪽-8행)

예문보기

목욕탕은 1920년 전후 일본인들의 발길이 늘어나면서 전국에 우후죽순처럼 생겨났다.

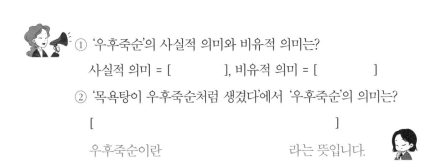

① '우후죽순'의 사실적 의미와 비유적 의미는?

　사실적 의미 = [　　　　　], 비유적 의미 = [　　　　]

② '목욕탕이 우후죽순처럼 생겼다'에서 '우후죽순'의 의미는?

　[　　　　　　　　　　　　　　　　　　　]

　우후죽순이란　　　　　　　　　라는 뜻입니다.

4. 박복

나이 지긋한 여승이 인자한 얼굴로 나를 보더니 "학생은 귀만 좀 컸으면 참 나무랄 데가 없는데" 하고 말해 준 적이 있다. 귀가 작아 박복하여 일찍이 아버지를 여의고 모진 고생하면서 공부하게 될 것이라는 뜻이었을까? 아직도 그 말이 생각이 난다. (133쪽-5행)

3년의 복이 다하자 다시 박복하기 그지없는 거지 신세로 전락했다.

① '박복'과 문맥상 유의관계인 어휘나 구절은?

박복 ≒ [   ]

② '박복'의 반의관계인 어휘는?

박복 ↔ [   ]

박복이란   라는 뜻입니다.

5. 자절

　도마뱀은 위기에 몰렸을 때 꼬리를 떼어주고 도망간다. 자절이라는 본능적인
자해행위다. 많은 무척추동물이 도마뱀과 유사한 생존전술을 쓴다. 문어, 게, 거
미불가사리, 갯가재, 거미 따위도 위급하면 사정없이 스스로 다리를 자른다.

(163쪽-6행)

① '자절'과 문맥상 유의관계인 어휘는?

자절 ≒ [   ]

② '자절'이라는 수단의 목적에 해당하는 어휘는?

자절의 목적 = [   ]

자절이란   라는 뜻입니다.

6. 일품

보기 좋은 떡이 맛도 좋다고 고기 맛도 일품이다. (136쪽-5행)

예문보기

　서화의 품격 가운데 신품(神品)은 객관적이고도 사실적으로 기교의 극단을 요구한다. 그러나 일품(逸品)은 주관적인 정취가 가장 중요한 품격이다. 기법에 구속되면 일품을 성취할 수 없게 된다. 일품의 최종 목표는 자연스러운 정감을 표현하는 것이다.

① '일품'과 문맥상 유의관계인 어휘는?

　일품 ≒ [　　　　　　　　]

② '일품'과 '신품'의 차이를 설명해 줄 수 있는 기준은?

　일품과 신품의 차이 = [　　　　　　　　]

　일품이란　　　　　　　　　　　라는 뜻입니다.

7. 탁란

뻐꾸기 무리는 제 스스로 새끼치기를 하지 못하고 다른 새의 둥우리에 몰래 알을 낳는다. 이를 부화 기생이라고 한다. 지구 전체 새의 약 1퍼센트가 탁란조다. (171쪽-14행)

예문보기

김혜연의 동화 『나는 뻐꾸기다』는 가족 해체 때문에 동재라는 아이가 겪는 심리적 고통 이야기다. 아이의 엄마는 이혼하면서 동재를 외삼촌에게 맡기고 소식을 끊는다. 동재는 남의 둥지에 사는 뻐꾸기처럼 더부살이 신세지만 외삼촌 식구와 잘 살아간다.

① '탁란'과 유의관계인 어휘나 구절은?

탁란 ≒ [   ]

② 예문에서 '기생'과 문맥상 유의관계인 어휘는?

기생 ≒ [   ]

탁란이란   라는 뜻입니다.

 **추리와 논증**

■ 선생님의 설명을 듣고, [A~F]를 채워 보자.

1.

푸른색은 쪽빛에서 취했지만 쪽빛보다 더 푸르며, 얼음은 물로 되었지만 물보다도 더 차듯이, 학문에 힘쓰다 보면 학문에서도 제자가 스승보다 더 낫다. 이를 '청출어람'이라고 한다. (21쪽)

예문보기

"화풍(和風)이 습습(習習)하야 양액(兩腋)을 추혀드니, 구만리(九萬里) 장공(長空)애 져기면 날리로다."라는 구절은 소동파(蘇東坡) 「적벽부(赤壁賦)」의 우화이등선(羽化而登仙)을 모방(模倣)하고 있지만, 정철은 발전적으로 그 뜻을 변화시켜 「관동별곡」을 만들었다고 평가할 수 있으므로 [A]에 해당한다.

 ① '청출어람'과 예문에서 '푸른색'에 해당하는 말은?

　　푸른색 = [　　　　　　　　　　]

② '청출어람'과 예문에서 '쪽빛'에 해당하는 말은?

　　쪽빛 = [　　　　　　　　]

③ A = [　　　　　　　　　]

2.

까마귀 집단은 리더가 없는 단순 집합체라 오합지졸(烏合之卒)이라는 말이 생겨났다. [B]는 까마귀를 가리킨다. (36쪽)

예문보기

아무리 대군이라도 백 명의 장수를 잃으면 무장지졸(無將之卒)로 전락할 수밖에 없고, 전락하면 앞을 다투어 흩어지고 말 것이 아닌가.

① '오합지졸'과 유의관계인 어휘는?

    오합지졸 ≒ [   ]

② '리더'와 유의관계인 어휘는?

    리더 ≒ [   ]

③ B = [   ]

3.

옛날에 매사냥이 널리 퍼져 있을 때에는 남의 매를 훔쳐 시치미를 떼고 짐짓 모른 체 자기 시치미로 바꿔 다는 수가 흔했다. 그래서 그 뒤로 "시치미를 떼다"라는 말은 [C] 때 쓰는 말이 되었다. (48쪽)

예문보기

수할치란 매를 부리면서 매사냥을 지휘하는 사람을 말한다. 수할치는 자신의 이름과 주소 따위를 새긴 작고 얇은 뼈를 매의 꽁지깃에 달아둔다. 사냥 도중에 배가 불러서 달아났던 매는 다시 인가로 찾아들며 찾은 사람은 이를 보고 수할치에게 알려준다. 그러나 매를 탐내는 사람은 시치미를 떼어 버리고 자기 것으로 만든 뒤 모르는 척 딴전 부리는 태도를 하게 되는데, 이를 '오리발'이라고도 한다. 속담으로는 '닭 잡아먹고 오리발 내민다'가 있다.

① '시치미를 떼다'와 문맥상 유의관계인 구절은?

시치미를 떼다 ≒ [   ]

② '시치미를 떼다'의 비유적 의미에 해당하는 어휘는?

[   ]

③ C = [   ]

4.

꿩은 닭목 꿩과에 속하며 생김새는 닭과 비슷하다. 암놈은 까투리, 수놈은 장끼, 새끼는 꺼병이라고 부른다. 눈부시게 현란하고 우람한 천하의 멋쟁이 장끼에 비하면 암꿩이야 회갈색에 몸집은 왜소한 것이 볼품이 없고, 새끼 꺼병이도 못생기고 어수룩하며 밉상이다. 그래서 외양이 잘 어울리지 아니하고 거칠거나 엉성한 사람을 [D]라고 부른다. (188쪽)

예문보기

개·말·소는 모두 그 새끼를 가리키는 말을 접미사 '-아지'를 붙여서 강아지·망아지·송아지라고 만들었다. 그러나 닭의 새끼는 병아리, 개구리 새끼는 올챙이다. 꿩의 경우는 더 어렵다. 수놈은 장끼, 암놈은 까투리라고 하는데, 장끼와 까투리의 새끼는 꺼병이다. 꺼병이가 조금 커지면 이름이 줄레로 바뀐다. 어미 뒤를 줄레줄레 따라다녀서 붙은 이름일 수 있다.

① '멋쟁이'와 문맥상 반의관계인 구절은?

　　멋쟁이 ↔ [　　　　　　　　　　　　]

② '꺼병이'라는 이름을 갖게 된 이유를 알려주는 구절은?

　　[　　　　　　　　　　　]

③ D = [　　　　　　　　　　　]

5.

'토사구팽'이란 '사냥 가서 토끼를 잡고나면 사냥개는 쓸모없게 되어 삶아 먹는다'는 뜻으로 필요할 때 요긴하게 써먹고 쓸모가 없어지면 가혹하게 버린다거나, 실컷 부려먹다가 일이 끝나면 돌보지 않고 헌신짝처럼 버리는 각박한 세상사를 비유해 이르는 말이다. '팽(烹)'이란 '삶아먹다'의 뜻이다. 토사구팽과 유사한 뜻을 갖는 한자성어로 [E]이 있다. 물고기를 잡고 나면 통발을 잊는 법이다. (241쪽)

예문보기

주문(朱門)에 벗님네야 고거사마(高車駟馬) 좋다 마소

토끼 죽은 후에는 개마저 삶기느니

우리는 영욕(榮辱)을 모르니 두려운 일 없어라. (김천택)

＊ 주문 : 붉은 칠을 한 문. 고관(高官)의 집.
＊ 고거사마 : 고귀한 사람이 타는 수레를 이르는 말
＊ 영욕 : 영광과 치욕

① 시조에서 '토사구팽'과 문맥상 유의관계인 구절은?

토사구팽 ≒ [   ]

② '영욕'과 문맥상 유의관계에 해당하는 시조의 구절은?

영 ≒ [   ], 욕 ≒ [   ]

③ E = [   ]

6.

"맛 좋은 준치는 가시가 많다"는 말을 시어다골(鰣魚多骨)이라 하는데, [F]를 일컫기도 하니 여기에는 교훈이 들어 있다. 권력, 명예, 재물을 탐내면 불행이 닥칠 수 있으니 조심해야 한다는 뜻이다. (265쪽)

예문보기

굼벵이 매미가 되어 날개 돋아 날아올라

높으나 높은 나무 소리는 좋거니와

그 위에 거미줄 있으니 그를 조심 하여라.

① 시조에서 '가시'와 문맥상 유의관계인 어휘는?

　　가시 ≒ [　　　　　　　]

② 시조에서 '권력'을 비유적으로 표현한 구절은?

　　권력 = [　　　　　　　　]

③ F = [　　　　　　　　　　]

LOGIC 창의와 사고

1.

ⅰ) 〈보기〉와 같은 사건을 가리키는 사자성어를 생각해 보자.

ⅱ) 왜 ⅰ)처럼 생각하는지 말해 보자.

보기

북한 보위부장 김병하는 김정일 후계 체제 구축과정에서 충신으로 맹활약했다. 김병하는 김정일 반대파들을 무자비하게 숙청했다. 그는 김정일이 제시한 '당의 유일사상체계 10대 원칙'을 권력으로 실천했다. 하지만 김정일 후계체제가 완성되자 김병하는 쓸모없는 존재가 됐다. "김병하가 당의 노선을 위반하고 있다"는 비판이 제기되었고, 김정일은 노동당 8과를 시켜 보위부에 대한 집중 검열을 단행했다. 그 과정에서 김병하는 사무실에서 자살했다.

2.

ⅰ) 양승준의 다음 시에 제목을 붙여 보자.

ⅱ) 시가 무엇을 표현하고 있는지 생각해 보자.

보기

양승준

온종일 거꾸로 매달려 흡혈을 기다리는

행복한 이 시간,

아름다운 인내여

천 길 속

어둠에서도

내 그리움은 길을 잃지 않는다.

 **주제와 표현**

1.

'두더지 혼인'에 관한 이야기를 읽고, 이 이야기의 교훈을 써 보자. (200자)

⑴ 두더지가 천하일색의 딸을 낳고 천하에서 제일 훌륭한 배우자에게 시집보내
  고자 했다.

⑵ 해가 높은 곳에 있으니 두더지는 해가 가장 훌륭하다고 생각하고 해에게 가
  서 말했다.

⑶ 해는 구름이 덮으면 자기가 보이지 않으니 구름이 더 훌륭하다고 했다.

⑷ 두더지는 구름을 찾아가서 딸을 시집보내고 싶다고 말했다.

⑸ 구름은 바람이 불면 자기가 흩어지니 바람이 더 훌륭하다고 했다.

⑹ 두더지는 다시 구름에게 가서 딸을 시집보내고 싶다고 말했다.

⑺ 바람은 아무리 세차게 불어도 돌미륵이 있으면 못 가니 돌미륵이 더 훌륭하
  다고 했다.

⑻ 두더지는 돌미륵에게 딸을 시집보내고 싶다고 말했다.

⑼ 돌미륵은 두더지가 구멍을 뚫으면 자기가 무너지니 두더지가 더 훌륭하다고
  말했다.

⑽ 그래서 두더지와 혼인을 했다. (203쪽)

수능형 문제

※ 다음 글을 읽고 물음에 답하시오.

　표어는 사전마다 다르게 정의되어 있어 한마디로 규정하기에 어려움이 있다. 표어가 무엇인가를 정확하게 알기 위해서는 표어의 생산자인 화자와 수용자인 청자가 명확하게 규정되어 있어야 할 뿐만 아니라, 형식과 내용도 분명해야 한다.

　우선 표어의 생산자와 수용자에 대하여 확인해 보도록 하자.

(1) 가. 빠짐없이 행사하자 귀중한 나의 한 표

　　나. 약 좋다고 남용 말고 약 모르고 오용 말자.

　이처럼 (1)에서는 생산자인 정부와 사회 단체에서 자신들의 주장을 대중에게 호소하거나 알리고 있는데, 이를 통하여 표어의 수용자가 대중임을 쉽게 알 수 있다.

표어의 형식은 속담, 관용어 등과 같은 언어 형식과 비교하여 정리해 볼 수 있다.

(2) 가. 밀밭에서 술 찾는다.

　　나. 눈이 높다.

　　다. 바른 정치 바라거든 바른 일꾼 바로 뽑자.

'(2)-가'는 속담의 예이고, '(2)-나'는 관용어의 예이며 '(2)-다'는 표어의 예이다. 이 세 가지 형식은 전달하고자 하는 내용을 모두 짧거나 간명하게 표현한 것으로 형식이라는 측면으로만 보면, 이들을 서로 구별하기가 힘들다. 경우에 따라서는 속담과 관용어가 표어보다도 더 짧거나 간결한 어구가 될 수도 있다. 하지만 속담과 관용어는 그 음절수가 일정하지 않은 데 비해서, 표어는 '(2)-다'의 예처럼 대부분 16자로 이내로 구성되어 있다. 또한 이들 표어는 3·4조, 4·4조의 음수율과 4음보의 율격을 가지고 있다. 이렇게 보면, 표어는 전달하고자 하는 내용을 16자 이내로 압축하여 운율적으로 표현한 언어 형식이라고 할 수 있다.

이러한 전통적인 율격으로 표현된 표어는 내용적인 면에서 다양하게 나타난다. 표어의 내용으로는 어떤 특정한 대상을 편들어서 보호하는 옹호와, 어떤 일을 권하여 힘쓰게 하는 장려가 있다. 표어에서 옹호는 주로 인권과 관련하여 실현되며 장려는 주로 저축과 독서에 대한 내용으로 나타난다. 또한 배우지 못한 사람을 가르쳐 깨우치게 하는 계몽이 있는데 투표를 올바르고 정확하게 할 것, 기술을 배울 것 등이 있다. 이 외에도 애국정신, 법 존중 의식 등을 고취하는 앙양과 정치, 사회 등의 분야에서 기존의 낡은 것을 시대에 맞게 뜯어 고치고자 하는 개혁이 있다.

그러므로 표어는 정부 및 사회 단체가 대중에게 자신들이 주장하고자 하는 내용을 호소하거나 알리기 위해 16자 이내로 압축하여 운율적으로 표현한 언어 형식이라 할 수 있다.

1. 윗글을 포괄할 수 있는 주된 질문으로 적절한 것은?

　① 표어의 개념은 무엇인가?

　② 표어는 언제 만들어졌는가?

　③ 표어를 만든 주체는 누구인가?

　④ 표어를 만들어 쓴 이유는 무엇인가?

　⑤ 표어는 어떤 형식으로 이루어졌는가?

2. 〈보기〉는 '발명의 날' 기념 표어들이다. 윗글을 바탕으로 〈보기〉를 이해한 내용으로 적절하지 <u>않은</u> 것은?

　ㄱ. 발명 문화 활짝 필 때 미래 한국 산업 강국

　ㄴ. 내가 만든 발명품이 나라 발전 초석 된다.

　① ㄱ의 생산자는 공공 기관이라고 볼 수 있다.

　② ㄴ의 생산자는 개인이라고 볼 수 있다.

　③ ㄱ, ㄴ은 전형적인 표어의 형식이다.

　④ ㄱ, ㄴ의 수용자는 대중이라고 볼 수 있다.

　⑤ ㄱ, ㄴ은 내용적 측면에서 장려의 성격이 나타난다.

📝서술형 문제

1. 〈보기 1〉를 참고로 하여 〈보기 2〉의 ㉠ ～ ㉣의 뜻을 쉽게 설명해 보자. [2009-3-9 평가원]

〈보기 1〉

'A+B'로 구성된 관용 표현에서 단어나 구절에 해당하는 두 요소 'A' 혹은 'B' 중 어느 한 쪽이 생략되어도 전체의 의미가 크게 변하지 않는 현상을 '의미 쏠림' 이라고 한다. 이때 남은 'A' 혹은 'B'가 명사라면 '이다'를 붙여 서술어를 만든다.

〈 보기 2 〉

㉠ 시치미를 떼다 → 시치미이다

㉡ 뒷북을 치다 → 뒷북이다

㉢ 바가지를 씌우다 → 바가지이다

㉣ 닭 잡아 먹고 오리발 내밀다 → 오리발을 내밀다 → 오리발이다

2. 〈보기〉는 '비위'와 관련된 설명이다. 이와 같은 원리를 적용할 수 있는 사례로 적절하지 <u>않은</u> 것은? [2003-3-10 전국]

'비위(脾胃)'는 원래 인체의 장기인 '비장'과 '위장'을 일컫는 말인데 비유적 의미로 확대되어 '어떤 음식물이나 일을 삭여 내거나 상대하여 내는 성미'라는 뜻으로도 쓰인다.

① 그 말이 <u>폐부</u>를 찌른 것이다.

② 아이가 들어오지 않아 <u>애</u>가 탄다.

③ 그들에게 <u>쓸개</u>까지 내놓을 작정이냐?

④ 적의 총부리가 그의 <u>심장</u>을 겨누고 있었다.

⑤ 나는 그의 잔인한 행동에 <u>간담</u>이 서늘했다.

어휘력

1. 다음 관용어의 뜻은 무엇인지 쉽게 풀어서 써 보자.

1) 귀가 얇다 →

2) 등골이 오싹하다 →

3) 땀을 흘리다 →

4) 무릎을 맞대다 →

5) 무릎을 치다 →

6) 발 뻗고 자다 →

7) 발로 차다 →

8) 발목을 잡히다 →

9) 발을 구르다 →

10) 발이 묶이다 →

11) 배가 아프다 →

12) 사람이 되다 →

13) 손에 땀을 쥐다 →

14) 손을 내밀다 →

15) 손을 씻다 →

16) 손이 크다 →

17) 입을 모으다 →

18) 입이 벌어지다 →

19) 어깨가 무겁다 →

20) 얼굴을 맞대다 →

21) 코가 납작해지다 →

다수를 위한
소수의 희생은 정당한가?

표창원 외 지음

preview

이 책은 폭력(표창원), 민주주의(오인영), 철학(선우현), 세계(이희수), 평화(고병헌) 등 다섯 가지를 주제로 다양한 분야에서 실천적 지식인으로 활동하고 있는 전문가들의 이야기를 통해, 왜 인권이 우리 사회의 다수자와 소수자의 갈등과 대립을 해결할 '해답'인지 알려주고 있다. (철수와영희 펴냄, 2016년)

FACT CHECK 사실적 사고

1. 세월호 재판은 선장이었던 이준석의 책임을 묻는 재판에서 '부작위에 의한 살인'임을 인정했다. (○ , ×) (25쪽)

2. 치매를 앓는 시어머니를 모시던 며느리가 너무 힘들어서 먹을 음식도 주지 않아 시어머니가 사망한 사건에서 수사 당국은 치사유기죄를 적용했다.
(○ , ×) (25쪽)

3. 경찰력의 부당한 법집행 때문에 피해를 보았을 때는 국가를 상대로 손해배상 청구소송을 낼 수 있다. (○ , ×) (29쪽)

4. 공권력이 개입한 용산참사에서 5명의 농성자와 1명의 경찰관이 사망했다.
(○ , ×) (30쪽)

5. 1835년 11월 '프란시스 스페이드' 호라는 화물선이 풍랑을 만나 좌초되었을 때 희생자를 정하는 제비뽑기를 했다. (○ , ×) (43쪽)

6. 우리나라에서 동성애는 불법이다. (○ , ×) (52쪽)

7. 미국의 예일대 심리학 교수 스탠리 밀그램은 전기충격 실험을 통해 "조직 안에서는 평범한 사람도 악마가 될 수 있다"라는 결론을 내렸다. 이런 현상을 루시퍼 효과라 한다. (○ , ×) (56쪽)

8. 갑질이란 권력의 우위에 있는 갑이 권리관계에서 약자인 을에게 하는 부당 행위를 통칭하는 개념이다. (○ , ×) (57쪽)

9. 우리나라 16세기 문인 홍성민이 지은 『졸옹집』에는 「촉견폐일설」이란 수필이 실려 있는데, 이 제목의 의미는 '촉나라 개는 해를 보고 짖는다'라는 뜻이다. (○ , ×) (82쪽)

10. 케인즈가 국가의 시장 개입을 주장한 것은 1929년 대공황을 극복하기 위한 방법이었다. (○ , ×) (86쪽)

WORD 이해와 분석

■ 선생님의 질문에 답한 뒤, 어휘의 의미를 파악해 보자.

1. 엽기적인

'인분 교수' 사건은 욕구와 감정과 이익이 복합적으로 작용한 폭력입니다. 가해자는 자기에게 모든 것을 의존하고 있는 제자에게 폭력을 행사했습니다. 신체적으로는, 눈에 금방 잘 띄는 얼굴도 때렸지요. 심지어 똥오줌까지 먹게 합니다. 엽기적인 폭력입니다. (15쪽-18행)

예문보기

'엽기적인'이라는 어휘는 연령에 따라 그 뜻이 다르게 사용되고 있다는 보고서가 있다. 보고서에 의하면, 10대들이 '엽기적이다'라고 말할 때 그것은 특이하다와 같은 긍정적 의미이며, '대박이다'와 바꿔 사용할 수도 있다고 응답했다. 반면 20대·30대들이 '엽기적이다'라고 말할 때 그것은 '완전 웃기다'와 바꿔 사용할 수도 있다고 응답했다. 아울러 40대들이 '엽기적이다'라고 말할 때 그것은 기발할 정도로 무섭다와 같은 부정적 의미이며, '돌아이 같다'와 바꿔 사용할 수도 있다고 응답했다.

① '인분'과 유의관계인 어휘는?

　인분 ≒ [　　　　　　　　　]

② 예문에서 '인분 교수'의 폭력을 '엽기적인'이라고 할 때의 문맥적

　의미와 가장 유사한 뜻은?

　인분 교수의 폭력은 엽기적이다 ≒ [　　　　　　　]

　엽기적이란 　　　　　　　　　　　라는 뜻입니다.

2. 보편

정당한 폭력이 되려면 목적의 정당성이 있어야 한다. 개인적 차원이 아닌 공공
성과 보편성을 갖고 있어야 한다. (32쪽-12행)

예문보기

사회 전반의 공공의 문제에 대해 숙의함으로써 공공의 이익을 추구하는 것은
사회의 공동선을 증진시킨다.

① '공공성과 보편성'과 문맥상 반의관계인 구절은?

　공공성과 보편성 ↔ [　　　　　　　　　]

② '목적의 정당성'과 문맥상 유의관계인 구절은?

　목적의 정당성 ≒ [　　　　　　　]

　보편이란 　　　　　　　　　　　라는 뜻입니다.

3. 고의

범죄심리학적으로 볼 때 폭력이란 '고의적인 힘의 사용'입니다. '고의성'을 포함했을 때 '폭력'이라 할 수 있어요. 예컨대 어떤 사람이 만원 지하철에서 옆 사람을 툭 건드렸어요. 그런데 공교롭게도 이 사람이 넘어져 다칩니다. 이걸 폭력이라고 할 수 있을까요? 그 사람을 다치게 할 의도가 없었기에 폭력이라고 말할 수 없습니다. (18쪽-8행)

예문보기

법적인 행위란 법이 규정하는 의무에 맞는 행위이고, 불법적인 행위는 의무에 어긋나는 행위로서 위반이라 한다. 위반은 그것이 고의성이 없는 과실이든 고의성이 있는 범죄든, 그 행위자에게는 그에 상응하는 벌이 부과된다. 그러니까 법은 행위자에게 최소한 '의무에 맞게' 행위하라고 요구하는 것이다.

① '고의'와 문맥상 유의관계인 어휘는?

고의 ≒ [   ]

② '과실'과 '범죄'를 구별하는 기준이 되는 구절은?

[   ]

고의란   라는 뜻입니다.

4. 통제

원리적으로 민주주의에서 개인은 국가보다 소중하다. 국가는 그런 개인을 보호하기 위해 존재한다. '법정, 형무소, 경찰' 등은 사회 질서를 유지하기 위한 기관이다. 그러나 이 같은 기관들이 마땅히 해야 할 일만을 해온 것은 아니다. 호주제와 같은 부당한 통제 행위를 국가는 해 왔다. (73쪽-12행)

예문보기

조지 오웰의 『1984년』은 절대권력에 의한 감시체제가 작동되는 전체주의사회를 묘사하고 있다. 그 사회에는 오직 전체만이 있을 뿐 개인은 존재하지 않으며, 기계의 전지전능함만이 신뢰의 척도로 인정받는 고도의 테크니컬 사회다. 고도의 기술력은 인간의 사상을 통제할 뿐만 아니라 과거까지도 통제한다. 필요시 개인의 기록은 날조되고 재구성된다.

① '국가'와 문맥상 유의관계인 구절은?

국가 ≒ [   ]

② '부당한'과 문맥상 반의관계인 구절은?

부당한 ↔ [   ]

통제란   라는 뜻입니다.

5. 부작위

법적 행위에는 작위와 부작위가 있다. 작위란 적극적 행위로 법적 책임을 져야 하는 일정한 행위를 하는 경우이고, 부작위란 일정한 작위 의무가 있는 자가 그 행위를 하지 않음으로써 일정한 행위를 한 것과 동일한 결과를 유발하는 경우이다. 예를 들어 칼로 사람을 살해한 경우가 작위이고, 산모가 어린 아이에게 젖을 먹이지 않아 굶겨 죽이는 경우가 부작위이다. 세월호의 선장이었던 이준석 씨의 책임을 묻는 재판에서 대법원은 '부작위에 의한 살인'을 인정했다. 탈출 명령을 내리지 않아 학생들이 죽었다는 것이다. (25쪽-3행)

예문보기

확장해석은 법문장의 자구를 보통의 의미보다는 넓게 해석하여 법문장의 속 뜻을 탐구하여 내리는 해석방법이다. 예를 들면 '마차통행금지'라는 푯말이 붙어 있는 경우에 이 법문장의 '마'를 '우'에까지 확대시켜서 '우마차통행금지'로 해석하는 것과 같은 것이다. 또 형법 제250조 1항의 '사람을 살해한 자는…'이라고 하는 것이 부작위에 의한 살인도 포함한다고 해석하는 것은 이 경우에 속한다.

① '부작위'와 반의관계인 어휘는?

　　부작위 ↔ [　　　　　　　　]

② '이준석 씨의 책임을 묻는 재판에서 대법원이 사용한 해석 방법은?

　　[　　　　　　　　]

　　부작위란　　　　　　　　　　　　라는 뜻입니다.

6. 편익

비용에 따른 편익보다 불편과 손해가 더 심각하다. (96쪽-4행)

예문보기

　사회 혹은 기업 등은 의사결정을 할 때 비용과 이익을 따져 여러 대안들 중 최적의 대안을 선정한다. 여러 대안들의 비용이 동일하다면 이익이 가장 큰 대안을 선택하고, 반대로 이익이 유사하다면 비용이 가정 적게 드는 대안을 선택한다.

　비용과 편익이 화폐 단위로 측정되어야 한다. 화폐가치는 물가상승 등에 의해 시간에 따라 변화하기 때문에 미래에 발생할 비용과 편익을 현재가치로 환산하여 계산한다. 미래의 비용과 편익을 현재가치로 환산할 때 사용되는 것을 할인율이라고 하는데, 할인율이란 미래 시점의 화폐에 대한 현 시점의 화폐의 비율을 의미한다.

　① '편익'과 유의관계인 어휘는?

　　편익 ≒ [　　　　　　　　　]

　② '편익'과 반의관계인 구절은?

　　편익 ↔ [　　　　　　　　　]

　　편익이란　　　　　　　　　　　　라는 뜻입니다.

7. 농단

나라의 주인인 국민의 반대를 무릅쓰고 특정 세력들이 국정을 농단했을 때, 그 피해를 고스란히 전 국토와 전 국민이 보는 거예요. (69쪽-4행)

예문보기

광화문 촛불 시위는 대통령 탄핵 문제로 이어졌다. 국민을 놀라게 한 것은 대통령이 공식 시스템을 두고 비선(秘線) 라인에 거의 모든 권력을 부여한 사실이었다. 대통령과 사적으로 인연을 맺은 소수가 권력의 중심부에 들어와 전횡을 일삼은 것이다.

① '농단'과 유의관계인 어휘는?

농단 ≒ [   ]

② '특정 세력들'과 문맥상 유의관계인 구절은?

특정 세력들 ≒ [   ]

농단이란   라는 뜻입니다.

THINKING 추리와 논증

■ 선생님의 설명을 듣고, [A~E]를 채워 보자.

1.

사람들은 폭력영화를 보며 [A]를 경험합니다. 영화 속 주인공이 행하는 폭력은 극장에서 일어나는 관객의 동일시에 의해 마치 자신이 행하는 폭력처럼 느껴지기 때문입니다. (17쪽)

예문보기

아리스토텔레스는 『시학』에서 비극은 감정의 카타르시스를 행한다고 말했다. 카타르시스(catharsis)란 그리스어로 정화(淨化), 또는 배설(排泄)의 의미를 가진다. 계속해서 억압될 경우 언젠가는 현실에서 위험하게 폭발할 수도 있는 감정을 드라마는 극장에서 위험 부담 없이 안전하게 배출시켜 준다고 아리스토텔레스는 드라마에 도덕적 기능을 부여했다.

① '현실에서'와 문맥상 반의관계인 어휘는?

현실에서 ↔ [   ]

② '드라마의 도덕적 기능'과 문맥상 유의관계인 어휘는?

드라마의 도덕적 기능 ≒ [   ]

③ A = [   ]

2.

'갑질'이란 폭력을 폭력으로 갚는 방식이다. 갑질은 폭력을 당해본 자가 행하는 폭력이다. 따라서 갑질은 자신이 당한 폭력을 가해자에게 혹은 다른 사람에게 행하는 [B] 행위다. (59쪽)

예문보기

갑질이란 말은 계약서상에서 돈을 주고 일을 시키는 당사자와 돈을 받고 일을 하는 상대를 가리키는 일명 갑을(甲乙)관계에서 비롯됐다. 사회적 강자가 자신의 우월한 지위를 악용해 약자에게 횡포를 부릴 때 흔히 '갑질한다'고 표현한다. 갑질 문제는 해결되어야 하지만, '제로섬 게임(zero-sum games)' 방식으로 이 문제를 풀고 있어서 문제다. 갑을 규제함으로써 을을 보호하겠다는 방식은 을도 제대로 보호하지 못할 뿐 아니라 '갑을 프레임'의 직접적인 당사자가 아닌 병(丙)과 정(丁) 등에게 피해를 줄 수 있기 때문이다.

① '갑을 프레임'과 문맥상 유의관계인 어휘는?

갑을 프레임 ≒ [   ]

② '갑을 규제함으로써 을을 보호하겠다는 방식'과
문맥상 유의관계인 구절은?

≒ [   ]

③ B = [   ]

3.

경제성장이라는 이유로 희생당하는 노동자, 지역발전이라는 이유로 희생당하는 철거민, 국가안보라는 이유로 희생당하는 강정 주민 등의 사례는 [C]를 위한 소수의 희생이라는 논리를 보여준다. (45쪽)

예문보기

현대 세계에서 경험되고 있는 다양한 유형의 폭력을 정리하면 크게 3가지 범주가 됩니다. 물리적 폭력, 구조적 폭력, 문화적 폭력입니다. 물리적 폭력이란 신체나 정신에 직접적으로 해를 끼치는 행위를 말합니다. 구조적 폭력이란 법이나 제도 혹은 조직의 규칙 등이 사람들 사이의 올바른 관계를 왜곡시킴으로써 사회적 약자들에게 불리하게 작용하는 힘을 말합니다. 문화적 폭력이란 관습, 언어 등이 사람들에게 미치는 부정적 힘을 말합니다.

① '경제성장이라는 이유로 희생당하는 노동자'와 동위관계인 구절은?

경제성장이라는 이유로 희생당하는 노동자 = [   ]

② '사회적 약자'와 문맥상 유의관계인 어휘는?

사회적 약자 ≒ [   ]

③ C = [   ]

4.

　서로 다른 문화가 어떻게 존재해야 하는가 하는 문제를 설명해 주는 세 개의 모델이 있다. 용광로 모델, 모자이크 모델, 샐러드 볼 모델이다. '용광로 모델'은 이질적인 것을 녹여 하나의 문화로 만든다. 이 모델의 위험은 문화의 [D]이 상실될 수 있다는 것이다. '모자이크 모델'은 각각의 색깔을 유지하면서 커다란 그림을 그리는 방식이다. 이 모델의 약점은 접착력이 약하다는 것이다. '샐러드 볼 모델'은 서로 다른 문화를 비빔밥 만들 듯이 한데 버무리는 것이다. 재료의 맛 하나하나를 살리면서도 하나의 훌륭한 음식이 된다. (175쪽)

　① '각각의 색깔'과 문맥상 유의관계인 구절은?

　　각각의 색깔 ≒ [　　　　　　　　　　　]

　② 세 개의 모델과 그에 대한 필자의 가치 평가를 연결해 보자.

　　용광로 모델　　•　　　　•　　매우 긍정적

　　모자이크 모델　•　　　　•　　다소 중립적

　　샐러드 볼 모델　•　　　　•　　매우 부정적

　③ D = [　　　　　　　　　　　　]

5.

문화상대주의(Cultural Relativism) 이론은 인종에 우열이 없듯이 문화 간에는 우열이 없기 때문에, 여러 국가의 문화와 다양성을 그 문화가 처한 다양한 (정치적, 사회적, 경제적) 맥락에서 이해해야 한다는 것을 주장하고 있다. 반면 자문화중심주의(ethnocentrism)는 자문화의 가치와 전통, 관습, 습관의 기준에서 다른 문화를 바라보고 평가한다. 때문에 자문화를 우월하게 생각하고 타문화를 열등하게 생각하기 때문에 민족적, 국가적 갈등을 유발하기도 한다. (175쪽 변형)

예문보기

중국이 세상의 중심이며, 모든 것은 중국을 중심으로 퍼져 나간다는 '중화사상(中華思想)'은 [E]의 대표적인 예다.

① '우열'과 문맥상 유의관계인 구절은?

우열 ≒ [   ]

② '다른 문화'와 문맥상 반의관계인 어휘는?

다른 문화 ↔ [   ]

③ E = [   ]

■ 조건에 맞게 논리적으로 대답해 보자.

1.

〈보기〉를 활용하여 Ⓐ 논리의 문제점에 대해 생각해 보자. (52쪽)

보기

성적 소수자들을 괴롭히는 Ⓐ<u>가해자들의 논리</u>는 이러하다.

동성애는 악이다.
악은 없애야 한다.
따라서 동성애자들을 공격하는 우리들의 행위는 정당하다.

㉮ 추론은 이미 제시된 명제인 전제를 토대로, 다른 새로운 명제인 결론을 도출하는 사고 과정이다. 논리학에서는 어떤 추론의 전제가 참일 때 결론이 거짓일 가능성이 없으면 그 추론은 '타당하다'고 말한다. "서울은 강원도에 있다. 따라서 당신이 서울에 가면 강원도에 간 것이다."라는 추론은, 전제가 참이라고 할 때 결론이 거짓이 되는 경우는 전혀 생각할 수 없으므로 타당하다. 물론 이 추론의 전제는 실제에서는 거짓이다. 서울은 강원도에 있지 않기 때문이다. 그러므로 이 결론은 참이 아니다.

㉯ 우리나라 국가인권위원회법 제2조 3항은 성적 지향 등을 이유로 한 차별행위에 대해 평등권 침해의 차별행위로 규정하고 있다.

2.

〈보기〉의 (1)~(3)을 활용하여 질문이 폭력인지 판단해 보자. (18쪽-20)

보기

폭력을 정의하기 위해서는 다음의 (1)~(3)과 같은 개념을 고려해야 한다.

(1) 폭력이란 고의적인 힘의 사용이다.

(2) 폭력이라는 개념이 성립하려면 효과성이 있어야 한다. 여기서 효과성이란 부상·죽음·고통·재산상의 손실·기물 파괴 등을 말한다.

(3) 폭력의 효과성과 더불어 첨가할 것은 피해자가 신체적 상해는 입지 않았다고 해도 심리적으로 두려움을 느꼈으면 폭력일 수 있다.

질문 : "아들이 하루에도 수십 번씩 아빠를 때립니다." 이것은 폭력일까요?

■ 스스로 하기

3.

"노동자의 유일한 생계수단인 월급을 제때 주지 않습니다."(19쪽) 이것은 폭력일까요?

4.

"누군가가 돌을 던졌는데 다행히 아무도 맞지 않았습니다." 이것은 폭력일까요?

주제와 표현

1.

A가 어떤 유언 집행을 해야 하는지 선택하고, 그 이유를 써 보자.

조건 : 첫 문장을 "나는 A가 ~ 에다 기부해야 한다고 생각한다"로 시작할 것.

부자 친구가 죽기 직전 A에게 유언 집행을 부탁했다. 묻어 둔 돈이 얼마간 있는데 자기가 잘 아는 어떤 고아원에 기부해 달라는 것이다. A는 그러기로 약속했다. 그가 죽은 후 그 돈을 찾아내었다. 그런데 그가 말한 고아원은 알고 보니 상당히 돈이 많은 재단이 뒷받침을 하고 있었다. 게다가 그보다 훨씬 더 어려운 처지의 고아원이 친구가 지목한 고아원 근처에 있음을 알게 되었다. 약속을 지키고 친구에게 진실하라는 도덕 규칙, 그리고 사람은 자신의 돈으로 자기가 원하는 일을 할 권리가 있다는 사실은 그 돈을 그가 지목한 고아원에 주는 것이 마땅함을 보여 준다. 그러나 만일 A가 그러한 규칙들을 어기고 그 돈을 형편이 어려운 다른 고아원에 줄 경우 더 좋은 결과가 생겨날 것이다. 친구도 살아 있었다면 자기의 생각에 동의했을 거라고 A는 생각한다.

수능형 문제

※ 다음 글을 읽고 물음에 답하시오.

인간의 삶에서 고통의 의미를 찾기 위한 질문은 계속되어 왔다. 이에 대한 철학적 해답으로 대표적인 것이 바로 변신론(辯神論)이다. 변신론이란 죄가 없는 사람들이 고통을 받고 있는 것도 여전히 신의 정의로움으로 해석하는 논리다. 이에 따르면 고통은 선을 더 두드러지게 하고 더 큰 선에 기여하므로, 부분으로서의 고통은 전체로서는 선이 된다. Ⓐ 응보론적 관점에서 고통을 죄의 대가로 보거나, 종교적 관점에서 고통이 영혼의 성숙을 위한 시련이라고 보는 설명들도 모두 넓게는 변신론의 일종이라고 할 수 있다.

레비나스는 20세기까지 사람들을 지배해 온 변신론적 사고가 두 차례의 세계 대전, 아우슈비츠 대학살 등 비극적인 사건들로 인해 경험적으로 이미 그 설득력을 잃었다고 본다. 죄 없는 수백만 명이 학살당하는 처참한 현실에 ㉠대면하고도, 선을 위한다는 논리로 고통을 정당화할 수 있는지 그는 의문을 제기한다. 그가 보기에 고통은 고통 그 자체로는 어떠한 쓸모도 없는 부정적인 것이며 고독한 경험에 불과하다.

레비나스는 고통으로부터 주체의 새로운 가능성을 포착해 낸다. 그에 따르면, 일차적으로 인간은 음식, 공기, 잠, 노동, 이념 등을 즐기고 누리는 즉 '향유'하는 주체이다. 음식을 먹고 음악을 즐길 때 향유의 주체는 아무에게도 의존하지 않고 개별적으로 존재한다. 레비나스는 이 같은 존재의 틀을 어떻게 넘어설 수 있는가에 관심이 있었으며, 개별적 존재의 견고한 옹벽*에 틈을 낼 수 있는 가능성을 고통에서 발견한다. 고통 받는 자는 감당할 수 없는 고통으로 인해 자연히 신음하고 울부짖게 되는데, 여기서 타인의 도움에 대한 근원적 요청이 발생한다는 것이다. 이러한 요청에 응답하여 그 사람을 위해 자신의 향유를 포기할 때, 비로소 타인에 대한 윤리적 관계가 열리게 된다. 이를 통해 인간은 '향유의 주체'를 넘어 타인을 향한 '책임의 주체'로 전환될 수 있다.

고통 받는 자가 '외부의 폭력'에 무력하게 노출된 채 나에게 도덕적 호소력으로 다가오는 윤리적 사건을 레비나스는 '타인의 얼굴'이라고 부른다. '타인의 얼굴'은 존재 자체를 통해 나에게 호소하고 윤리적 의무를 일깨운다. 나는 이러한 의무를 기꺼이 받아들이고, 그를 '환대'*해야 한다. 이때 중요한 것은 타인에 대한 나의 이성적 판단이 아니라 감성이다. 타인의 호소에 직접 노출되어 흔들리고 영향을 받는 것은 감성이라고 보기 때문이다. 바로 이곳이 레비나스의 윤리학이 기존의 이성 중심의 윤리학과 구분되는 지점이 된다.

* 옹벽 : 땅을 깎거나 흙을 쌓아 생기는 비탈이 흙의 압력으로 무너져 내리지 않도록 만든 벽.
* 환대 : 반갑게 맞아 정성껏 후하게 대접함.

1. 윗글의 내용과 일치하지 <u>않는</u> 것은?

① 변신론에 따르면 고통은 선에 기여한다.

② 레비나스의 윤리학에서는 감성의 역할을 중시한다.

③ 응보론적 관점에서는 고통을 죄의 대가로 이해한다.

④ 레비나스는 개별적인 존재로서 자립할 것을 주장한다.

⑤ 레비나스는 변신론적 사고가 설득력을 잃었다고 본다.

2. 〈보기〉를 활용해 레비나스의 견해를 설명한 내용으로 적절하지 <u>않은</u> 것은?

A 학생은 한겨울 밤 귀갓길에 극심한 추위에 떨고 있는 노숙인과 마주쳤다. A
는 홑겹의 옷만을 걸친 노숙인에게 몹시 안타까움을 느껴, 입고 있던 외투를 그
에게 벗어 주고 추위에 떨면서 집으로 돌아왔다.

① 노숙인이 느낀 추위 자체는 '부정적이며 고독한 경험'이다.

② A는 '타인의 얼굴'에 직면하자 도덕적 의무를 느낀다.

③ A는 '외부의 폭력'에 노출되어 '흔들리고 영향을 받은' 것이다.

④ A가 입고 있던 외투는 A가 '즐기고 누리던' 대상이다.

⑤ A가 자기 외투를 벗어준 행위는 '환대'에 해당한다.

📝 서술형 문제

1. Ⓐ의 의미를 쉽게 써 보자.

2. 윗글을 활용하여 〈보기〉의 얼굴에 대해 생각해 보자.

보기

📝 어휘력

1. ① ㉠의 의미를 〈보기〉에서 찾아보자. ② A~E의 독음을 써 보자.

A [   ](對面) : 얼굴을 직접 마주보며 서로를 대함

B [   ](對立) : 서로 반대되거나 모순됨

C [   ](對比) : 서로 맞대어서 견주어 봄

D [   ](對敵) : 반대되는 세력이 서로 맞서 겨룸

E [   ](對處) : 어떤 일에 대하여 합당한 조처를 취함

세상을 바꾼 질문

권재원 지음

preview
　이 책은 질문의 힘에 대해 쓰고 있다. 익숙한 것들로 현재의 문제를 해결할 수 없을 때 인간은 질문을 던져 새로운 해법을 찾는다. 인간 문명의 역사를 질문의 역사로 요약할 수 있는 것은 그 때문이다. 이 책에는 7가지 질문이 나온다. 이 책에서 독자는 질문에 따라 다른 미래가 그려진다는 사실을 깨닫게 될 것이다. (다른 펴냄, 2015년)

PART 1 \ 독서는 수능이다

 사실적 사고

1. 지금으로부터 2500년 전 중국은 7개의 주요 강대국을 포함한 여러 나라가 서로 전쟁을 벌이던 전국시대였다. (○ , ×) (40쪽)

2. "왕께서는 어찌하여 이익을 말씀하십니까?"는 맹자의 말이다. (○ , ×) (41쪽)

3. 정도전은 조선 왕조의 개국공신이다. (○ , ×) (40쪽)

4. 책 『맹자』의 첫 번째 부분은 '양혜왕 편'이다. (○ , ×) (43쪽)

5. 군사를 일으켜 걸왕을 죽인 뒤 왕이 된 인물은 탕왕이다. (○ , ×) (46쪽)

6. 은 나라 주왕을 죽인 뒤 왕이 된 인물은 주 나라 무왕이다. (○ , ×) (46쪽)

7. 영국 국왕 찰스 1세가 반역죄로 사형을 선고 받은 것은 1649년이다.
   (○ , ×) (51쪽)

8. 농민 출신이었으나 만리장성 부역에 끌려가던 백성들을 이끌고 반란을 일으켜 마침내 황제 자리까지 올라간 인물은 유방이다. (○ , ×) (57쪽)

9. "눈앞에 이익이 있거든 먼저 그것이 이로운지 생각하라"라는 말을 한 것은 안 중근 의사다. (○ , ×) (58쪽)

10. "일정한 생산이 있은 다음에야 굳건한 마음이 생긴다"라고 말한 사람은 공자다. (○ , ×) (59쪽)

WORD 이해와 분석

■ 선생님의 질문에 답한 뒤, 어휘의 의미를 파악해 보자.

1. 패권

부유하고 군대가 강성하여 한 나라가 이웃 나라를 제압하고 영토를 넓히며 나아가 중국 전체를 지배하게 되면 패권 국가가 된다. (43쪽-8행)

예문보기

패권이란 특정 국가가 열세의 국가들을 통제하거나 지배하는 상황을 의미한다. 정치·군사적 관계의 규칙 및 장치를 명령하거나 적어도 지배할 수 있으며 군사적으로 세계를 지배할 수 있는 우월한 능력을 갖춘 국가를 패권 국가라 한다.

① '이웃 나라'와 유의관계인 구절은?

이웃 나라 ≒ [   ]

② '우월한 능력'과 반의관계인 어휘는?

우월한 능력 ↔ [   ]

패권이란   라는 뜻입니다.

2. 기근

　기근은 인구 억제의 가장 두려운 수단이다. 산업혁명 이전에 인간의 생산력은 미약했고, 자연에 대한 통제력은 거의 존재하지 않았다. 따라서 사람들은 늘 생존 수단의 부족에 시달렸고, 이것이 자연스러운 인구 억제 수단이 되었다.
(118쪽-1행)

예문보기

　기근의 발생 원인은 식량 생산 감소 때문이지만, 기근은 총인구와 총 식량 공급 간의 문제로 이해하면 안 되는 제도적인 결함 현상이다. 기아는 식량을 충분히 소유하지 못한 자들의 상태를 말하는 것이지 그 나라에 식량이 충분히 존재하지 않음을 나타내는 것은 아니다.

　① '기근'의 원인에 해당하는 구절은?

　　[　　　　　　　　　　　　] → 기근

　② '사람들은 늘 생존 수단의 부족에 시달렸고'의 결과에 해당하는 것은?

　　[　　　　　　　　　]

　기근이란　　　　　　　　　　　라는 뜻입니다.

3. 시해

인(仁)을 해치는 자를 일컬어 '남을 해치는 자'라 하고, 의(義)를 해치는 자를 '잔인한 자'라 합니다. 남을 해치고 잔인하게 구는 자는 일개 필부(匹夫)일 뿐입니다. 저는 필부 걸과 주를 처형했다는 말은 들었어도 군주를 시해했다는 말은 듣지 못했습니다. (46쪽-11행)

 ① '처형'과 문맥상 유의관계인 어휘는?

처형 ≒ [   ]

② '필부'와 문맥상 반의관계인 어휘는?

필부 ↔ [   ]

시해란   라는 뜻입니다.

4. 파업

노동자가 자본가와 힘을 겨룰 때 동원할 수 있는 가장 강력한 무기는 파업이다. 그러나 노동자들이 자본가 없이 버틸 수 있는 기간보다 훨씬 오랜 시간 동안 자본가는 노동자 없이 버틸 수 있다. (131쪽-13행)

예문보기

파업은 노동자가 수행하는 생산·유통·판매·공공서비스를 중지하는 것이다. 파업은 노동자 투쟁 가운데 가장 폭발적인 수단이다. 노동자는 파업을 통해 정치에 눈뜨게 된다.

① '무기'와 문맥상 유의관계인 어휘는?

무기 ≒ [   ]

② '파업'의 기능에 해당하는 구절은?

[   ]

파업이란   라는 뜻입니다.

5. 오리엔탈리즘

에드워드 사이드에 의하면 오리엔탈리즘(Orientalism)이란 전근대적인 동양을 지배하고 재구성하며 억압하기 위한 근대적인 서양의 지배 기법이다. 서구 국가들은 동양은 비합리적이고 열등하며 도덕적으로 타락되었고 이상(異常)하지만, 서양은 합리적이고 도덕적이며 성숙하고 정상(正常)이라는 식의 인식을 만들어 오면서 동양에 대한 서양의 우월성과 동양에 대한 서양의 지배를 정당화해 왔다.

(22쪽-8행)

예문보기

파농의 『검은 피부 하얀 가면』에는 흑인 남성이 백인 여성을 선망하고 동경하는 내용이 나온다. 안정효의 『헐리우드 키드의 생애』에는 헐리우드라는 이상향에 매몰된 '충무로 키드'가 나온다.

① 에드워드 사이드는 '흑인 남성'을 어떻게 평가할까요?

흑인 남성 평가 : [   ]

② 에드워드 사이드가 볼 때 '흑인 남성'과 유사한 인물은?

흑인 남성 ≒ [   ]

오리엔탈리즘이란   라는 뜻입니다.

6. 그림자

서양 문명의 큰 스승인 플라톤은 입만 열면 영혼과 현세 너머에 있는 초월적 세계를 강조하였다. 심지어 플라톤은 우리가 살고 있는 현실 세계가 허상에 불과하며, 감각 기관으로는 지각할 수 없는 순수한 초월적 세계가 따로 있는데, 오히려 그 세계가 진실이라고까지 말했다. 즉 세상은 초월적이고 정신적으로만 존재하며 우리가 알고 있는 물질적인 세상은 그 그림자에 불과하다는 것이다.
(25쪽-3행)

예문보기

예부터 개별과 보편의 관계는 여러 가지 관점에서 포착되어 왔다. 플라톤은 보편을 참된 실재(이데아)로 보고 개별을 가상으로 간주했다. 아리스토텔레스는 개별과 보편의 통일을 시도했지만, 보편은 개별의 본질이고 개별은 보편을 실현하는 것으로 이해하여 결국 보편에 중점을 두는 플라톤적 사고를 벗어나지 않았다.

① '허상'과 동의관계인 어휘는?

　　허상 = [　　　　　　　　　　　　　]

② '초월적 세계'와 동의관계인 어휘는?

　　초월적 세계 = [　　　　　　　　　　]

　　그림자란　　　　　　　　　　라는 뜻입니다.

추리와 논증

■ 선생님의 설명을 듣고, [A~E]를 채워 보자.

1.

"왕께서는 왜 하필 이익을 말씀하십니까? 또한 인의만 있을 따름입니다."

라고 맹자는 양혜왕에게 말한다. 아울러 왕은 왜 이익을 말하면 안 되는지를 맹자는 말한다. 왕이 이익을 말하면 아래 사람들이 연쇄적으로 이익을 추구하게 된다는 것이다. "역사적으로 볼 때 만승의 나라에서 그 임금을 시해한 자는 천승의 집에서 나왔고, 천승의 나라에서 그 임금을 시해한 자는 [A]에서 나왔습니다." (42쪽)

예문보기

춘추전국 시대 극도로 혼란한 정세에서 한 나라의 최고 지도자로서 군주의 절대적 사명은 부국강병에 있었고, 맹자의 유세를 접한 혜왕의 국가 이익에 대한 물음은 너무도 당연한 것이었다. 그러나 맹자는 이익에 대한 즉각적인 답 대신 윤리적 규범인 인의를 강조하였다. 그 까닭은 이익추구를 최우선 가치로 삼았을 때 나타나는 무질서와 폭력성에 대해 간파했기 때문이다.

① '이익'의 문맥상 의미에 해당하는 어휘는?

이익 = [   ]

② '무질서와 폭력성'과 문맥상 유의관계인 어휘는?

무질서와 폭력성 ≒ [   ]

③ A = [   ]

2.

루소는 인간은 자연인이었다고 말한다.

"자연인은 일도 언어도 거처도 없고, 싸움도 교제도 없으며, 타인을 해칠 욕구가 없듯이 타인을 필요로 하지도 않고, 어쩌면 동류의 인간을 개인적으로 단 한 번도 만난 적 없이 그저 숲속을 떠돌아다녔을 것이다. 그는 얼마 안 되는 정념의 지배를 받을 뿐 스스로 자족하면서 자신의 상태에 맞는 감정과 지적 능력만을 갖고 있는 인간이다."

그러므로, 루소에 의하면, 자연인은 평등했다고 말할 수 있다. 왜냐하면 이 시기에는 자연인을 평가하거나 비교하게 만드는 사회적인 [B]가 없었기 때문이다. (95쪽)

예문보기

타인과의 비교를 통해서만이 자신을 볼 수 있는, 자기애가 왜곡된 모습으로 작동하는 타락한 사회의 인간과는 달리 자연 상태에서의 인간은 자기 자신을 직시할 수 있다. 따라서 '개인으로서 인간은 누구나 자신을 유일한 관찰자로, 우주에서 그에게 관심을 가진 유일한 자로, 그리고 자기 자신의 가치에 대한 유일한 재판관'으로 존재한다. 루소는 자연 상태의 인간으로부터 누구에게도 종속되지 않고 자기 자신 이외에 주인이 없는, 요컨대 독립성에 주목하고 있다.

① '자족'의 문맥상 의미에 해당하는 어휘는?

　　자족 = [　　　　　　　　　　　　　　]

② '자연인'과 문맥상 유의관계인 구절은?

　　자연인 ≒ [　　　　　　　　　　　　]

③ B = [　　　　　　　　　　　　　　　]

3.

볼테르는 리스본 대지진에 대해 다음과 같이 말한다.

"만일 리스본 주민들의 죄악 때문에 지진이 일어났다면, 왜 런던이나 파리에는 지진이 일어나지 않았는가? 런던이나 파리의 주민들은 리스본 주민들보다 죄악이 적기 때문인가? 인간의 죄악 때문에 지진이 일어난 것이라면, 죄 없는 아이들은 왜 지진의 재난을 피하지 못하고 죽어갔는가?"(100쪽 변형)

예문보기

리스본의 사제들과 유럽의 성직자들은 이 지진을 리스본에 내린 [C]이라고 주장했다. 그들의 주장은 중세 이래 종종 되풀이되어 온 재앙에 대한 일반 성직자들의 설명을 대변하는 것이다

① '지진'의 상위관계에 해당하는 어휘는?

　지진 : [　　　　　　　　　　　　　　　]

② 볼테르의 관점에서 볼 때 리스본 사제들의 대지진 평가가
　　저지르고 있는 오류는?
　　[　　　　　　　　　　　　　　　　　　　]

③ C = [　　　　　　　　　　　　　　　]

4.

루소는 볼테르가 보내온 글 「리스본 재난의 시」를 읽고,

"당신이 제기한 주제인 리스본을 생각해 봅시다. 당신은 거기에 6, 7층 높이의 건물 2만 채를 건축한 것은 자연이 아니라는 것을 인정하실 겁니다. 또한 그 대도시 주민이 좀더 분산되어 살고, 좀더 가벼운 집을 짓고 살았다면 피해는 훨씬 적었거나 아무런 피해가 없었으리라는 점도 인정하실 겁니다. 얼마나 많은 불행한 사람들이 옷이나 서류나 돈을 챙겨 나오려다 목숨을 잃었는지요."라고 답변하는 글을 볼테르에게 보낸다. 루소는 리스본 대지진의 원인을 [D] 때문으로 보고 있는 것이다. (100쪽)

예문보기

루소는 「리스본 재앙에 관한 시」를 읽은 후에 볼테르에게 보내는 편지에서 '물리적 악'에 대해 언급한다. 루소는 "물리적 악이란 인간이 그 일부를 이루고 있는 체계 속에서 불가피한 것"이라고 지적한다. 리스본 대참사라는 '물리적 악'도 인간에게 상당한 책임이 있다는 것이다.

① 루소의 말을 가설 추리로 볼 때 이에 해당하는 3가지는?

    [   ]

② 루소가 가정한 리스본 대지진의 원인들 중 '물리적 악'에

    해당하지 않는 것은? [   ]

③ D = [   ]

5.

다음은 맬서스의 견해를 요약하고 있다.

첫째, 인구의 증가는 반드시 생존수단에 의해 제한이 가해진다.

둘째, 생존수단도 증가하지만 인구는 변함없이 계속 증가한다.

셋째, 인구의 월등한 증식력으로 인한 과잉인구 현상은 곤궁과 악덕에 의해 부양할 수 있는 수로 제한된다.

이 논리에 의하면 사회가 전체적으로 부유해지고 있어도, 비참한 처지에 빠진 사람들에게 온정의 손길을 뻗어서는 안 된다. 그들은 [E]이기 때문이다. (119쪽)

예문보기

맬서스에 의하면, 인구성장은 두 기제에 의해 억제된다. 하나는 '적극적 억제'로, 기근·전쟁·전염병 등 개체의 사망에 관련된 요인이 포함된다. 다른 하나는 출산통제와 관련된 '소극적 혹은 예방적 억제'이며, 이는 도덕적 제약과 악덕으로 구분된다. 즉, 자녀를 부양할 수 있는 경제적 역량을 확보할 때까지 혼인을 연기하는 것과 출산 통제를 행하는 것이다.

① '곤궁'과 문맥상 유의관계인 구절은?

　　곤궁 ≒ [　　　　　　　　　　　　　　　　　]

② 맬서스가 말하는 '악덕'과 문맥상 유의관계인 구절은?

　　악덕 ≒ [　　　　　　　　　　　　　　　　]

③ E = [　　　　　　　　　　　　　　　　　]

창의와 사고

■ 조건에 맞게 논리적으로 답해 보자.

1.

다음은 로마클럽이 1972년 발표한 〈성장의 한계〉에 나오는 미래 예언 그래프
다. ① 그래프를 읽어 보자. ② 이 그래프가 주장하는 내용을 비판해 보자.

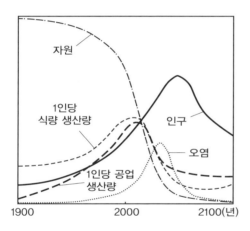

ESSAY 주제와 표현

1.

〈보기〉를 읽고 ① 사이렌의 상징적 의미, ② 오디세우스의 상징적 의미를 써보자.

> ### 보기
>
> 사이렌이란, 『오디세이아』에 등장하는 마녀 자매의 이름이다. 그들은 아름다운 노래로 선원들을 유혹하여 죽음에 빠뜨리는 초자연적 존재들이다. 오디세우스는 여신 키르케의 조언을 통해 그들의 존재와 그에 대한 대처 방법을 알고 있었다. 가장 현명한 방법은 사이렌이 지니고 있는 치명적인 매력으로부터 거리를 두는 것, 사이렌의 노래를 듣지 않는 것이다. 오디세우스는 노 젓는 부하들의 귀를 밀랍*으로 봉하게 했다. 그런데 대체 어떤 노래이기에 그토록 매력적인가. 키르케는 오디세우스에게 노래를 듣고 싶다면, 귀를 열어두는 대신 몸을 마스트에 묶어두라고 했다. 오디세우스는 그런 상태로 사이렌의 바다를 통과했다. 그럼으로써 그는 목숨을 걸지 않고도 사이렌의 노래를 들을 수 있었고, 사이렌의 노래를 듣고도 살아남은 유일한 인간이 되었다. (158쪽 변형)
>
> * 밀랍 : 꿀벌이 분비하는 물질

① 사이렌의 상징적 의미

	『	계	몽	의		변	증	법	』	에		의	하	면		사	이	렌	은

② 오디세우스의 상징적 의미

	『	계	몽	의		변	증	법	』	에		의	하	면		오	디	세	우
스	는																		

PART 2 수능은 독해다

📝 수능형 문제

※ 다음 글을 읽고 물음에 답하시오.

공자가 활동한 시기는 춘추시대고, 맹자가 활동한 시기는 전국시대다. 전국시대에는 양주와 묵적의 사상이 유행했는데, 맹자는 이를 이단으로 보고 유학을 수호하기 위해 유학사상의 이론화 작업을 전개하였다. 그는 춘추시대(春秋時代)에 비해 전국시대가 사회 혼란이 큰 이유를 공자의 영향력 약화로 보고 사회 안정을 위해 '의(義)'의 중요성을 강조하였다.

맹자가 강조한 '의'는 공자의 '의'를 강화한 것이었다. 공자는 사회 혼란을 치유하는 방법을 '인(仁)'의 실천에서 찾고, '인'의 실현에 필요한 규범으로서 '의'를 제시하였다. 공자가 '인'을 강조한 이유는 자연스러운 도덕 감정인 '인'을 사회 전체로 확산했을 때 비로소 사회가 안정될 것이라고 보았기 때문이다. 이때 공자는 '의'를 '인'의 실천에 필요한 합리적 기준으로서 '정당함'을 의미한다고 보았다.

맹자는 '의'의 의미를 확장하여 '의'를 '인'과 대등한 지위로 격상하였다. 그는 부모에게 효도하는 것은 '인'이고, 형을 공경하는 것은 '의'라고 하여 '의'를 가족 성원 간에도 지켜야 할 규범이라고 규정하였다. 그리고 나의 형을 공경하는 것에서 시작하여 남의 어른을 공경하는 것으로 나아가는 확장을 통해 '의'를 사회 일반의 행위 규범으로 정립하였다. 나아가 그는 '의'를 개인의 완성 및 개인과 사회의 조화를 위해 필수적인 행위 규범으로 설정하였다. 특히 생활에서 마주하는 사소한 일에도 '의'를 실천해야 한다고 했다. 나아가 그는 목숨과 '의'를 함께 얻을 수 없다면 "목숨을 버리고 의를 취한다."라고 주장하여 '의'를 목숨을 버리더라도 실천해야 할 가치로 부각하였다.

　또한 ⓐ 맹자는 '의'가 이익의 추구와 구분되어야 한다고 주장하였다. 이러한 입장에서 그는 사적인 욕망으로부터 비롯된 이익의 추구는 개인적으로는 '의'의 실천을 가로막고, 사회적으로는 혼란을 야기한다고 보았다. 특히 작은 이익이건 천하의 큰 이익이건 '의'에 앞서 이익을 내세우면 천하는 필연적으로 상하 질서가 어지러워질 것으로 보았다. 그래서 그는 사회 안정을 위해 사적인 욕망과 관련된 이익의 추구는 '의'에서 제외되어야 한다고 주장하였다.

　맹자는 '의'의 실현을 위해 ㉠ 인간에게 도덕적 행위를 할 수 있는 근거와 능력이 있음을 밝히는 데에도 관심을 기울였다. 그는 인간이라면 누구나 도덕 행위를 할 수 있는 선한 마음이 선천적으로 내면에 갖춰져 있다는 성선설을 주장하였다. 그는, 인간은 자기의 행동이 ⓐ 옳지 못함을 부끄러워하고 남이 착하지 못함을 미워하는 마음을 본래 가지고 있는데, 이러한 마음이 의롭지 못한 행위를 하지 않도록 막아주는 동기로 작용한다고 보았다. 아울러 그는 ⓑ 어떤 것이 옳고 그른 것인지 판단할 수 있는 능력도 모든 인간의 마음에 갖춰져 있다고 하여 '의'를 실천할 수 있는 도덕적 역량을 강조했다.

1. 다음은 윗글에 대한 설명으로 가장 적절한 것은?

　① 맹자의 '의' 사상에 대한 사회적 상식을 비판하고 있다.

　② 맹자의 '의' 사상이 가지는 한계에 대해 분석하고 있다.

　③ 맹자의 '의' 사상에 대한 상반된 관점들을 비교하고 있다.

　④ 맹자의 '의' 사상이 가지는 현대적 의의를 재조명하고 있다.

　⑤ 맹자의 '의' 사상의 형성 배경과 의미에 대해 설명하고 있다.

2. 윗글의 '맹자'에 대한 이해로 적절하지 <u>않은</u> 것은?

　① 일상에서 '의'를 실천하는 것이 중요하다고 보았다.

　② '의'의 실천은 목숨을 바칠 만큼 가치가 있다고 보았다.

　③ 가정 내에서 '인'과 더불어 '의'도 실천해야 한다고 보았다.

　④ '의'의 의미 확장보다는 '인'의 확산이 더 필요하다고 보았다.

　⑤ 사회 규범으로서 '의'는 '인'과 대등한 지위를 지닌다고 보았다.

3. ㉠에 해당하는 것으로 가장 적절한 것은?

　① 세상의 올바른 이치가 모두 나의 마음속에 갖추어져 있으니, 수양을 통해
　　이것을 깨달으면 이보다 큰 즐거움은 없다.

　② 바른 도리를 행하려면 분별이 있어야 하니, 분별에는 직분이 중요하고, 직분
　　에는 사회에서 통용되는 예의가 중요하다.

　③ 인간이 지켜야 할 도덕은 지혜와 덕이 매우 뛰어난 성인들이 만든 것이지
　　인간의 성품으로부터 생겨난 것이 아니다.

　④ 군자에게 용기만 있고 의로움이 없으면 어지러움을 일으키게 되고, 소인에
　　게 용기만 있고 의로움이 없으면 남의 것을 훔치게 된다.

　⑤ 저 사람이 어른이기 때문에 내가 그를 어른으로 대우하는 것이지, 나에게
　　어른으로 대우하고자 하는 마음이 원래부터 있어서 그런 것이 아니다.

📝 서술형 문제

1. 윗글의 ⓐ, ⓑ에 해당하는 것을 〈보기〉에서 찾아보자.

> 맹자의 사단이란 인의예지(仁義禮智)를 말한다. 측은히 여기는 마음인 측은지심(惻隱之心), 부끄럽고 미워할 줄 아는 마음인 수오지심(羞惡之心), 양보하는 마음인 사양지심(辭讓之心), 옳고 그름을 가리는 마음인 시비지심(是非之心)이 그것이다.

📝 어휘력

1. ① Ⓐ와 관련된 한자성어를 〈보기〉에서 찾아보자.

  ② A~E의 독음을 읽어 보자.

A [   ](見利思義) : 눈앞에 이익이 보일 때 의리를 생각함

B [   ](好事多魔) : 좋은 일에는 흔히 장애물이 들기 쉬움

C [   ](登高自卑) : 높은 곳도 낮은 데서부터 시작함

D [   ](事必歸正) : 무슨 일이나 결국 옳은 이치대로 돌아감

E [   ](他山之石) : 하찮은 남의 언행이라도 자신을 수양하는 데에
도움이 됨

정답 및 해설

01 우리가 살고 싶은 나라

WORD 이해와 분석

1

① 관점을 바꾸어 ② 지피지기

　학생 : 역지사지란 [관점이나 입장을 바꾸어 생각하다]라는 뜻입니다.

2

① 나의 옳음만 주장하고 ② 옳음

　학생 : 독선적이란 [나만 옳다고 믿고 행동하는 태도]라는 뜻입니다.

3

① 경쟁을 통해 획득하게 된 자 혼자만 누리는 ② 집단이 누리는 혹은 함께 누리는

　학생 : 전유란 [혼자만 누린다]라는 뜻입니다.

4

① 개별 인권 침해 사건을 생산해낸 뿌리 깊은 인권 침해의 역사 ② 뿌리 깊은 인권 침해의 역사

　학생 : 배후란 [어떤 일의 드러나지 않은 이면]이라는 뜻입니다.

5

① 개별적 분노 ② 사회 변혁

　학생 : 공분이란 [다수의 분노 혹은 대중의 분노]라는 뜻입니다.

6

① 전직 관리 ② 예의를 갖추어 대우함.

학생 : 전관예우란 [판사나 검사로 재직하다가 변호사로 갓 개업한 사람이 맡은 소송에 대해 유리한 판결을 내리는 특혜]라는 뜻입니다.

THINKING 추리와 논증

1

① 힘이 약하고 열악한 처지에 놓인 사람 ② 호의를 베푸는 것 ③ A = 권리

2

① 획일화 ② 순서 ③ B = 획일화

3

① 전쟁 부재의 상황 ② 승전과 무력 통일을 추구한다 ③ C = 남북한의 화해와 협력, 군사적 긴장 완화와 군비 통제, 그리고 비핵화와 평화 체제 구축, 더 나아가 평화적 통일을 추구한다

4

① 후진성, 편협성, 특수성 등과 같은 주변성 ② 부분 집합과 전체 집합의 관계에 있는 두 집합 A와 U에서 전체 집합 U의 원소로서 부분 집합 A에 포함되지 않는 원소 전체로 이루어진 집합 ③ D = 서울

5

① 뇌물 ② 상대에게 반대급부를 기대하다 ③ E = 뇌물 혹은 반대급부를 기대하는 선물

6

① 판결문의 결론 ② 피청구인 대통령 박근혜를 파면한다 ③ F = 주어

7

① 인간은 아름다운 것을 좋아한다. ② 인간은 아름다움을 위해 기꺼이 값을 지불하려 한다. ③ G = 미감

LOGIC 창의와 사고

1
연고주의

2
느리게 살기(경쟁하지 않는 삶)의 중요성에 대해 말하고 있다.

ESSAY 주제와 표현

1
〈보기〉의 홍경래가 느낀 분노는 개인적 분노다. 다른 사람도 분노를 느끼는지에 대해서는 〈보기〉에 나와 있지 않기 때문이다. 홍경래의 직접적인 분노는 과거시험 제도가 부패했다는 경험에서 오는 것이지만, 그 경험을 통해 사회 전반의 부패 정도와 농단 세력에 대한 이해까지 하고 있지만 집단적 분노인 공분은 아직 보이지 않는다.

수능형 문제

1. 답 ②

정답인 이유
"엄격한 신분제가 유지된 전통 사회에서 천민과 지배층이 같은 할아버지의 자손이라는 의식은 존재할 여지가 없다"라고 했으므로 단일 민족의식은 신분 제도를 강화하는 것이 아니라 약화시킨다는 것을 알 수 있다.

2. 답 ①

정답인 이유
"㉠한 민족 전체의 공통 조상으로서의 단군을 받드는 것은 옳지 않다"는 것은 단군이 고조선의 시조일 뿐 한 민족 전체의 조상인 것은 아니라는 뜻이므로 ⓛ은 ㉠의 근거가 되지 못한다.

3. 답 ④

정답인 이유

'독일인'과 '유대인'이라는 분류는 독일인과 유대인 사이의 차이를 없애는 것이 아니라 강화시키는 것이므로 적절하지 않다.

서술형 문제

1.
A가 말하고자 하는 것은 순혈의 정의가 '순수한 혈통' 혹은 '순수한 피'이기 때문에 혼혈은 그 반대 의미인 '잡된 혈통' 혹은 '깨끗하지 못한 피'를 의미하게 된다는 것이다.

2.
『중국인 거리』에서 할머니는 제니를 '짐승의 새끼'로 보고 있다. 이때의 시선은 혐오를 말한다. 할머니는 혼혈인 제니를 인간 이하의 생명체로 여기고 있다.

어휘력

1.
A. 위선자
B. 높은 지위나 벼슬을 차지하려는 꿈
C. 전혀 기억이 나지 않음
D. 충격을 받아 정신이 아찔해지다.

02 이런 법이 어딨어?

FACT CHECK 사실적 사고
1. ○ 2. ○ 3. ○ 4. × 5. ○ 6. ○ 7. ○ 8. ○ 9. ○ 10. ○

WORD 이해와 분석

1

① 손상하거나 파괴하는 행위 ② 재물손괴죄

학생 : 재물손괴란 [남의 물건을 손상하거나 파괴하는 행위]라는 뜻입니다.

2

① 형을 더 무겁게 처벌함 ② 교도소에서 나온 범죄자

학생 : 재범이란 [교도소에서 나온 범죄자가 나중에 또다시 범죄를 저지르는 경우]라는 뜻입니다.

3

① 두 사람 사이에 소송이 벌어짐 ② 소송 중인 두 사람

학생 : 분쟁이란 [싸움이 벌어짐]이라는 뜻입니다.

4

① 중립적 ② 저울 한쪽에 찬성하는 논거를, 다른 쪽에는 반대하는 논거를 올려보면, 저울이 그 결과를 보여줄 거라고 생각하는 판사

학생 : 편파적이란 [한쪽으로 치우친 혹은 중립적이지 않은]이라는 뜻입니다.

5

① 처음부터 피고인의 유죄를 단정하고 있는 판사라면 직무집행에서 배제함 ② 피고인의 자기 보호

학생 : 기피란 [배제하다]라는 뜻입니다.

6

① 서류 ② 서면 혹은 서류

학생 : 구두란 [묻고 답하면서]라는 뜻입니다.

7

① 다른 사람에게 죄를 뒤집어씌움 ② 누군가

학생 : 무고란 [다른 사람에게 죄를 뒤집어씌우는 말]이라는 뜻입니다.

THINKING 추리와 논증

1

① 강제로 데려옴 ② 누가(경찰 혹은 검찰이나 법원) 보냈는가 ③ A = 강제

2

① 타인에게 강한 영향력을 행사하여 자신이 원하는 일을 대신하게 만듦
② 14년 ③ B = 교사

3

① 전기를 훔쳤으니까 ② 법은 전기를 훔친 것을 절도라고 규정하고 있지 않으므로
③ C = 무

4

① 검사가 일정한 형사사건에 대하여 법원의 심판을 구하는 행위 ② 국가소추주의
(國家訴追主義) 또는 기소독점주의(起訴獨占主義) ③ D = 공소

5

① 사회적 기대에 일치하도록 개인의 행동을 변용하는 과정 ② 나중에 형기를
마치고 사회로 돌아갔을 때를 대비하지 못하게 되므로 ③ E = 재사회화

LOGIC 창의와 사고

1

공무원이 직무를 수행함에 있어 설사 상관의 명령이 있었다 하더라도 "얼굴을 욕조 속으로 강제로 누르는 가혹 행위"와 같은 고문을 한다는 것은 범죄 행위 혹은 위법 행위인 것이므로 이에 반드시 복종할 의무는 없는 것이다. 설사 절대 복종이 불문율이었던 관행이 있었다 할지라도 그것이 형법 제12조의 '강요된 행위'와 같은 것이라고는 볼 수 없으므로 특별범죄 가중처벌 등에 관한 법률 제4 조에 의거하여 고문치사죄에 대해 10년의 징역에 처한다.

ESSAY 주제와 표현

1

정당방위란(이어 쓰기) 자기 보호를 위해 폭력을 행사하는 것으로 위법 부당한 공 격을 방어하는 것을 말한다. 폭력은 행사했지만, 법은 불법에 양보해서는 안 되 며, 정당한 것이 부당한 것에 길을 비켜 줄 필요는 없다고 판단하기 때문에 허용 하게 된다.

수능형 문제

1. 답 ②

'집필 목적'이란 왜 썼냐는 거야. 선지는 글의 종류를 포함해서 묻고 있어. 그러므 로 '설명하기 위해서'가 타당해. 정당 방위의 기본 사상이라는 내용 또한 적절해.

2. 답 ③

정답인 이유

글쓴이는 정당 방위가 무제한 허용되는 것은 아니라고 했잖아. 방어 행위에 의해 발생한 손해가 공격 행위에 의해 발생할 손해에 비해 지나치게 크면 권리 남용이라고 했어. 철수는 "영호를 마구 때려 영호에게 전치 8주의 상처"를 입혔잖아. 주머니에 손을 넣은 것은 담뱃갑 때문이었는데. 그러므로 ③이 적절해.

오답인 이유

상대방은 공격한 적이 없으므로 ①, ②, ④, ⑤는 안 돼.

3. 답 ⑤

정답인 이유

'목적과 수단의 상당성(相當性)'에서 목적이란 자기 방어이고 수단이란 폭력 사용을 말하는 거야. 아울러 상당성이란 공격 정도에 적절한 방어 정도를 말하는 거야. 비슷해야 한다는 거지. 그러나 ⑤의 '적극적 행사'란 상당성과는 무관한 뜻이므로 젖절하지 않아.

오답인 이유

① 정당 방위는 법 질서상 규범적으로 요구된 행위이어야 하고, ② 방어 행위는 침해된 법익과 보호된 법익 간의 균형을 유지해야 하며, ③ 방어 행위는 현재의 부당한 침해를 방위하는데 적합한 행위이어야 하며, ④ 방어 행위는 가급적 가장 피해가 적으면서도 동일한 효과를 낼 수 있는 것이어야 하므로 적절하다.

 **서술형 문제**

1.

법익교량이란 법 규정이 보호하려는 이익을 말해. 교량이란 비교하여 헤아림의 뜻이고. 그러므로 법익교량이란 법이 어떤 행위를 보호함으로써 얻게 되는 이익과 손해를 헤아리는 것을 말해.

2.

① 목적은 어린이 구조고, 수단은 어린이 던지기다. 보호된 이익은 화재로부터 안전함이고, 초래된 손해는 부상이다. '사망 〈 부상' 혹은 '화상 〈 부상'으로 판단될 수 있으므로 정당한 행위다.

② 목적은 자살 방지고, 수단은 감금이다. 보호된 이익은 목숨이고, 초래된 손해는 감금에 따른 신체 부자유다. 사망 〈 신체 부자유로 판단될 수 있으므로 정당한 행위다.

 어휘력

1.
① A ② A 남용, B 도용, C 유용, D 차용, E 혼용

03 바보 빅터

FACT CHECK 사실적 사고
1. ○ 2. ○ 3. ○ 4. ○ 5. ○ 6. ○ 7. ○ 8. ○ 9. × 10. ○

WORD 이해와 분석

1
① 은근슬쩍 ② 빅터와 가까워지다

학생 : 서열이란 [등급의 순위]라는 뜻입니다.

2
① 몰려왔다, 휩쓸렸다 ② 분노의 크기와 제어되지 아니함을 표현하기 위해

학생 : 해일이란 [육지로 넘쳐 들어오는 바닷물]입니다.

3
① 불멸의 ② 오류

학생 : 잠정적이란 [영원하지 않은 혹은 일시적]이라는 뜻입니다.

4
① 조교들 ② 스스로 생각

학생 : 동조란 [타인의 판단에 영향 받아 타인의 결정 따라하기]라는 뜻입니다.

5
① 굴욕 ② 존중

학생 : 모멸감이란 [모욕감 혹은 굴욕감]이라는 뜻입니다.

6
① 단 한 여자(女子)를 사랑한 일도 없다. / 시대(時代)를 슬퍼한 일도 없다.

② 괴로움

학생 : 자책이란 [자기 책망 혹은 자기를 꾸짖는 마음]이라는 뜻입니다.

THINKING 추리와 논증

1
① 화를 냄 ② 빅터 ③ [자기와 같은 약점을 갖고 있는 빅터에게 동병상련을 느꼈기] 때문이다.

2
① 컴플렉스 ② 자신감을 상실하다. ③ A = 자기 믿음

3
① 통념 ② 통념은 오류일 수 있다 ③ B = 자기 기준도 옳을 수 있다

4
① 빅터의 IQ 평가표에 적힌 173이라는 숫자가 73으로 보였다 ② 빅터는 천재다 ③ 누락된

5
① 병 ② 나치에게 빼앗긴 원고를 되찾아 연구를 완성하는 것 ③ 귀납적 관찰

LOGIC 창의와 사고

1

① 잠정적

질문	대답
•과학은 절대적인 진리인가? •과학은 불변의 진리인가?	**반론의 근거** •누군가 오류를 발견하면 과학 이론은 허물어진다. •천동설에서 오류가 발견되었다. •천동설은 허물어졌다. **반론의 주장** •과학도 일시적 진실이다. (절대불멸과 '일시적'은 대립관계임)

② 논리적이다

테일러 회장의 논리	적용
전건 긍정의 형식 •만일 p라면 q다. •p다. •따라서 q다.	•천동설에서 오류를 발견되면 천동설은 허물어진다. •천동설에서 오류가 발견되었다. •천동설은 허물어졌다. **논리 판단** •테일러 회장은 전건 긍정의 형식을 사용했으므로 논리적이다.

2

논리적이다

레이첼 선생의 논리	적용
전건 긍정의 형식 X 2 •만일 p라면 q다. •p다. •따라서 q다.	•스스로를 위심하기 시작하면 헤라클래스는 칼을 잡지 못한다. •헤라클래스는 스스로를 의심했다. •헤라클래스는 칼을 잡지 못했다. **논리 판단** •레이첼 선생은 전건 긍정의 형식을 2번 사용하여 말하고 있으므로 논리적이다.

3

로널드 선생은 인신공격의 오류를 범하고 있다. 혹은 로널드 선생은 우물에 독치는 오류를 범하고 있다.

4

로라의 아버지는 성급한 일반화의 오류를 범하고 있다.

ESSAY 주제와 표현

1

빅터와 로라는 꿈을 이루지 못했을 것이다. 꿈은커녕 빅터는 '바보'로 로라는 '천덕꾸러기'로 살면서 자기 자신에게는 물론 타인에게도 한심하게 여겨지는 삶을 살았을 것이다. 레이첼 선생의 미덕은 안목과 사랑이다. 사람들은 외모, 학력, 성별, 나이, 인종, IQ 등과 같은 '세상의 기준'으로 사람을 판단한다. 그러나 레이첼 선생은 사람의 가능성을 '자기 믿음'이라고 생각했고, 그런 믿음으로 아이들을 교육했다. '사회의 기준'만이 유일무이한 판단 기준이 아님을 실천했다. 그래서 평범한 사람들의 눈엔 바보와 천덕꾸러기로 보이는 빅터와 로라를 구해냈다 할 수 있다.

 **수능형 문제**

1. 답 ④

정답인 이유

사람들의 동조 행위를 근절할 수 있는 방법에 대해서는 글에 나와 있지 않다.

오답인 이유

① 동조 현상을 강화시키는 요인으로 정보 부족, 판단에 대한 믿음 부족, 집단의 구성수와 결속력, 정보 제공자의 권위와 신뢰도 등을 말하고 있으므로 적절하다.

② 동조 현상을 약화시키는 요인으로 이탈자에 대해 말하고 있으므로 적절하다.

③ 과 ⑤는 모두 마지막 단락에서 확인할 수 있다. 부정적인 동조는 타인의 생각에 동의하지 않는 경우에도 일어난다.

2. 답 ④

정답인 이유

2단락에 의하면, 정보 부족이나 집단 압력으로 인해 타인의 행동을 따르게 된다고 했으므로 적절하다.

3. 답 ①

정답인 이유

임금의 거리 행차는 사기꾼들에게 속아서 하게 된 어처구니 없는 일이므로 긍정적 측면에서의 동조 행위라고 할 수 없다.

 서술형 문제

1.

① 부화뇌동 ② 자기는 하고 싶지 아니하나 남에게 끌려서 덩달아 하게 됨을 이르는 말.

2.

마음을 아프게 함을 비유적으로 이르는 말.

어휘력

1.

① A ② A 이구동성, B 견원지간, C 오월동주, D 동고동락, E 수미상응

FACT CHECK 사실적 사고

1. ○ 2. ○ 3. ○ 4. × 5. ○ 6. ○ 7. ○ 8. ○ 9. ○ 10. ○

WORD 이해와 분석

1

① 그 양이 제한되어 있는 것 ② 여기저기에 이미 넘칠 정도로 충분히 존재하는 것

학생 : 희소성이란 [양적으로 적다]라는 뜻입니다.

＊ 희소성 : 인간의 물질적 욕구에 비하여 그 충족 수단이 질적·양적으로 제한되어 있거나 부족한 상태.

2

① 도로, 항만, 철도 ② 아래에 놓인 기초

학생 : 사회기반시설이란 [도로, 항만, 철도 등처럼 생활에 필요한 시설]이라는 뜻입니다.

＊ 사회 기반시설 : 도로·공원·시장·철도 등 도시주민의 생활이나 도시기능의 유지에 필요한 물리적인 요소로『국토의 계획 및 이용에 관한 법률』에 의해 정해진 시설.

3

① 자기 땅을 통과하는 물품에 매기는 세금 ②세금

학생 : 관세란 [자기 땅을 통과하는 물품에 매기는 세금]이라는 뜻입니다.

＊ 관세 : 국세의 하나. 관세 영역을 통해 수출·수입되거나 통과되는 화물에 대하여 부과되는 세금으로, 수출세, 수입세, 통과세의 세 종류가 있으나 현재 우리나라에는 수입세만 있다.

4

① 대우 받다 ②부정적 변화

학생 : 전락이란 [부정적 상태로 변하다]라는 뜻입니다.

＊ 전락 : 나쁜 상태나 타락한 상태에 빠짐.

5

① 독점 발생 ② 공정한 경쟁을 방해함

학생 : 담합이란 [공정한 경쟁을 방해하여 독점 이익을 얻고자 하는 기업끼리의 모의]라는 뜻입니다.

＊ 담합 : 사업자 집단의 부당한 공동행위의 일종.

6

① 몰락 ② 시장에서 밀려남

학생 : 도태란 [경쟁에서 져서 시장에서 밀려난다]라는 뜻입니다.

＊ 도태 : 여럿 중에서 불필요하거나 부적당한 것이 줄어 없어짐.

＊ 도태 : 생물학에서는 동일한 종(種)에 속한 다수의 개체(個體) 중, 특정 개체가 보존되고 다른 개체는 자손을 남기지 못하여 멸망되는 것을 말함.

7

① 이끄는 ② 경제 전체를 이끌다

학생 : 주도란 [이끌다]라는 뜻입니다.

＊ 주도 : 주동적인 처지가 되어 이끎.

8

① 갑자기 뚝 떨어지다 ② 기업은 이제 거의 아무런 가치도 없다.

학생 : 폭락이란 [갑자기 뚝 떨어지다]라는 뜻입니다.

＊ 폭락 : 물건의 값이나 주가 따위가 갑자기 큰 폭으로 떨어짐.

THINKING 추리와 논증

1
① 어긋나는 ② 일반커피 가격보다 비싼 데에도 구매하는 행위 ③ A = 윤리적 혹은 착한

　＊ 위배 : 법률, 명령, **약속** 따위를 지키지 않고 어김.

2
① 돈 ② 돈 ③ B = 대상

3
① 주식시장이 돈을 경제의 혈관에 공급하다 ② 심장 ③ C = 유추 혹은 비유

4
① 실업자 ② 수요와 공급의 관계 ③ D = 시장 혹은 노동 시장

5
① 호황에서 정상으로 가는 지점이다. ② 경기후퇴기에서 불황기로 가는 지점이다. 시장이 포화 상태가 되어 모든 가구가 필요한 모든 것을 갖추게 되어 수요는 감소하고 재고는 늘어나게 되면서 많은 인력이 필요 없게 된다. 실업이 증가하기 시작하고, 주가가 떨어지고, 이 상태가 계속되면 기업은 도산하게 되므로 국가에 의한 경기부양책이 필요하게 된다. ③ E = 정상에서 경기후퇴기로 가는 지점.

6
① 상대 ② 차이난다 ③ F = 낮다

7
① 자유주의에 바탕을 둔 경제 정책 혹은 자유 시장 경제 ② 국영화 ③ G = 정부 혹은 국가

LOGIC 창의와 사고

1

"경제 위기가 닥치면 정부는 긴축 재정을 실시해야 한다."라는 주장은 잘못된 것이다. 국가가 돈이 없으면 돈을 빌려서라도 기업에 일거리를 주어야 한다. 가령, 건설 회사에게 항만 건설이나 도로 건설을 하게 하여 대량 실업자가 생기는 사태를 막아야 한다. 국가에서 돈을 지출해야만 경기가 바닥으로 치닫는 것을 막아 최악의 위기가 닥치는 것을 피할 수 있게 되는 것이다.

2

A-관찰, B-가설, C-법칙

ESSAY 주제와 표현

1

자본주의와 성장은 서로 분리되기가 힘든 관계다. 하지만 세계경제위기가 닥쳐도 타격을 덜 받기 위해서는 분리가 필요하다. 그 방법 중 하나가 지역통화 제도의 도입이다. 지역에서 축적된 자본이 세계의 자금 시장으로 유출되는 것을 방지하고, 지역 내에 머물면서 지역 주민들에게 그 혜택이 돌아가도록 쓰이게 하면 된다.

2

아담스미스는 '보이지 않는 손'이라는 표현을 써서 국가 개입 없이도 수요과 공급의 원리에 의해 시장은 돌아가게 된다고 했다. 그러나 그것은 담합 등과 같은 불공정 거래가 없을 때의 일이다. 운동 경기에서 심판이 없다면 공정한 경기는 기대하기 어려운 깃처럼 경제 활동에서도 정부가 없이는 경제 질서 유지가 어렵다. 정부가 경제 활동이 원활하게 이루어질 수 있도록 심판의 역할을 담당하여 불공정 거래를 하거나 공정한 경쟁 행위를 방해하는 기업에게 경고나 퇴장을 주어 자유롭고 올바른 경쟁 활동을 보호해야 한다.

 **수능형 문제**

1. 답 ⑤

정답인 이유

정보 산업은 초기 비용이 많이 든다고 했지만, 비용이 많이 드는 이유는 나와 있지 않다.

2. 답 ⑤

정답인 이유

B사의 제품 성능이 좋은 데에도 시장에서 부진했던 것은 (가) 현상 때문이 아니라 A사가 시장에서 이미 매우 유리한 위치를 선점하고 있기 때문이다.

오답인 이유

① 수확 체감의 법칙이 적용되는 산업은 생산량이 일정 정도를 넘어서면 평균 비용이 증가하게 되므로 (가)가 적절하다.

② 수확 체증의 법칙이 적용되는 산업은 시장 규모가 허락하는 선까지 생산할 수 있다 했으므로 (나)가 적절하다.

③ (다)의 A사가 더 성능 좋은 제품보다 경쟁력이 있는 까닭은 어떤 제품을 사용하는 사람의 수가 많으면 많을수록 그 제품의 가치도 덩달아 커지는 현상인 '네트워크 외부성' 때문이므로 적절하다.

④ (다)의 A사의 제품에는 (나)와 같은 현상인 수확체증의 원리가 나타나므로 적절하다.

서술형 문제

1.

'수확체감의 법칙'이란 자본과 노동 등 생산요소가 한 단위 추가될 때 이로 인해 늘어나는 한계생산량은 점차 줄어든다는 것을 의미한다. 즉 생산요소를 추가적으로 계속 투입해 나갈 때 어느 시점이 지나면 새롭게 투입하는 요소로 인해 발생하는 수확의 증가량은 감소한다는 것이다. 이 이론을 좀더 확대하면 어떤 산업이든지 일정 수준에 도달하면 성장이 정체될 수밖에 없다는 결론에 도달한다.

2.

'수확체증의 법칙'이란 투입된 생산요소가 늘어나면 늘어날수록 산출량이 기하급수적으로 증가하는 현상을 말한다. 이 이론을 좀더 확대하면 어떤 산업이든지 일정 수준에 도달하면 성장이 정체될 수밖에 없다는 결론에 도달한다.

3.

네트워크 외부성이란 어떤 제품을 사용하는 사람의 수가 많으면 많을수록 그 제품의 가치도 덩달아 커져서 그 제품을 생산한 기업에게 대가 없이 의도치 않은 혜택을 주게 되는 것을 말한다.

 어휘력

1.
① A ② 대중, 관중, 군중, 민중, 청중

05 나쁜 과학자들

FACT CHECK 사실적 사고
1. × 2. ○ 3. ○ 4. ○ 5. ○ 6. ○ 7. ○ 8. ○ 9. ○ 10. ○

WORD 이해와 분석

1

① 기니피그 혹은 임상시험 참가자 ② 돈을 벌기 위해 직업적으로 임상시험에 참가하는 사람들

학생 : 기니피그란 [실험동물]이라는 뜻입니다.

2

① 임상시험 대상자들에게 임상시험의 위험 가능성에 대해 공지하지 않은 행위는 부도덕하다 ② 교도소에서 벌어진 임상시험은 몇 년 동안 언론과 대중에게 노출되지 않고 진행됨

학생 : 침묵의 음모란 [부도덕한 일인 줄 알면서 임상시험의 진실을 수감자에게 이야기하지 않기로 교도관, 연구원, 의사끼리 약속함]이라는 뜻입니다.

3

① 꿰매다 ② 절개 혹은 절단

학생 : 봉합이란 [꿰매어 붙임]이라는 뜻입니다.

4

① 사실을 털어놓다 ② 능동과 피동의 차이

학생 : 유도란 [이끎]이라는 뜻입니다.

5

① 변명 ② 나치 의사, 의사들

학생 : 변론이란 [법정에서 주장함]이라는 뜻입니다.

6

① 사회적 소수자 ② 지적 장애인, 어린아이

학생 : 사회적 약자란 [수적으로 소수일 뿐만 아니라 사회적으로도 힘이 없어 불이익이 예상되는 사람들]이라는 뜻입니다.

7

① 제시 ② 알리다

학생 : 고지하다란 [알리다]라는 뜻입니다.

THINKING 추리와 논증

1

① 굴뚝에서 나오는 연기와 살이 타는 냄새, 주사기, 끝없이 반복된 혈액검사, 실험 도구들이 있었습니다 ② 요제프 멩겔레는 인간을 기니피그로 취급했다 ③ A = 인간 기니피그 혹은 실험의 재료

2

① 3명의 의사는 뉘른베르크 강령을 근거로 환자에게 주사 놓는 것을 거부했다 ② 사우섬 ③ 인간 기니피그 혹은 실험의 재료 혹은 가치 없는 생명

3

① 이득 ② 의사 결정 능력의 유무 ③ C = 공평

4

① 결과를 빨리 보려는 경쟁과 실험에 소요되는 기간의 압축을 부추겼다. ② 피험자를 위태롭게 하다 ③ D = 건강

5

① 의과학적 성과를 가져옴 ② 3R의 원리를 지켜야 한다 ③ E = 실험 동물들이 겪게 될 고통을 줄여야 한다.

LOGIC 창의와 사고

1

㉠ '연구 기간이 전쟁 중이었으므로 정당하다'를 반박하는 경우

 : 아무리 전쟁 중이라 할지라도 의료 행위는 인간존중의 원칙, 선행의 원칙, 정의의 원칙을 지켜야 하는 것인데, "연구 기간이 전쟁 중이었으므로 정당하다"라는 논리는 전쟁을 핑계 삼아 이 원칙들을 어긴 행위에 불과하다.

㉡ '연구 대상으로 삼은 대상은 사형선고를 받은 범죄자들이었으므로 정당하다'를 반박하는 경우

 : 연구 대상이 사형 선고를 받은 사람이라 할지라도 의료 행위는 인간존중의 원칙, 선행의 원칙, 정의의 원칙을 지켜야 하는 것인데, "연구 대상으로 삼은 대상은 사형선고를 받은 범죄자들이었으므로 정당하다"라는 논리는 전쟁을 핑계 삼아 정의의 원리를 어긴 행위에 불과하다. 아울러 이 원리를 지키지 않음으로써 인간존중 혹은 선행의 원리를 지킬 필요가 없어져 의사에게는 아주 편리한, 피험자에게는 잔혹한 연구가 된 것이다.

㉢ '연구 윤리에 관한 보편적인 기준이 존재하지 않았으므로 정당하다'를 반박하는 경우

 : 의료 행위라는 것은 아픈 자를 낫게 하는 것으로 연구 윤리에 관한 보편적인 기준이 존재하지 않았다 하더라도 의사라면 환자에게 동병상련의 마음을 갖기 마련이다. 그런데 '보편적 기준'이 없다는 것을 악용하여 환자에게 잔혹한 실험을 한 것은 인간존중의 원칙, 선행의 원칙 등을 위반한 비인간적인 행위다.

ⓔ '연구의 필요성을 국가가 결정했고 의사들은 단지 명령을 따랐을 뿐이므로 정당하다'를 반박하는 경우

: "연구의 필요성을 국가가 결정했고 의사들은 단지 명령을 따랐을 뿐"이라 할 지라도 의사는 그것이 인간존중의 원칙이나 선행의 원칙에 어긋난다면 고민 했어야 할 것이다. 그런데 나치 의사들은 그런 고민이 없었을 뿐더러 국가의 명령을 악용했다 할 것이므로 정당하지 않다.

ⓜ '연구에 의해 의학 발전이라는 결과를 가져온 것이므로 정당하다'를 반박하는 경우

: "연구에 의해 의학 발전이라는 결과를 가져온 것"은 중요하다. 그러나 그 발전 이 나치 의사들의 경우처럼 잔혹한 인체실험 혹은 인간시험을 통해 얻어진 것 이라면 문제가 있다. 그것은 인간존중의 원칙을 어긴 것으로 목적만 좋으면 수단이야 어찌하든 좋다는 변명에 불과하다.

ESSAY 주제와 표현

1

3차에 걸친 임상시험 중 가장 위험한 시험은 ⓐ다. 왜냐하면 ⓐ는 건강한 사람 들이기 때문이다. 임상시험은 사람을 대상으로 하는 시험인데 ⓑ나 ⓒ의 경우 질병을 갖고 있는 상태이기 때문에 임상시험에 의해 병치료에 도움이 되는 효과 를 경험하게 된다. 그러나 ⓐ는 치료해야 하는 병이 있는 경우가 아니어서 만일 임상시험이 위험할 경우 심리적으로든 물리적으로든 고통을 경험해야 한다.

 **수능형 문제**

1. 답 ⑤

정답인 이유

동물 실험 유효성 주장이 갖는 현실적 문제들을 유비논증의 차원에서 살펴보고 있는 것이므로 '넘어서'라는 관점은 적절하지 않다.

오답인 이유

① (가)는 유비 논증의 정의와 유용성에 대해 말하고 있으므로 적절하다.

② (나)는 유비 논증을 활용한 동물 실험의 유효성 주장이므로 적절하다.

③ (다)는 유비 논증이 높은 개연성을 갖기 위해서는 비교 대상 간의 유사성이 커야 한다고 말하고 있으므로 적절하다.

2. 답 ③

정답인 이유

㉠은 인간과 동물 사이의 기능적 차원의 유사성만 강조할 뿐 인과적 메커니즘의 차이에 대해서는 외면하고 있음을 ㉡은 지적하고 있으므로 적절하다.

오답인 이유

① 인간과 동물이 기능적으로 유사하면 인과적 메커니즘도 유사하다고 생각하는 것은 ㉡뿐이므로 적절하지 않다.

② ㉠이 ㉡의 비판에 적절히 대응하는 방법은 인간과 동물의 기능적 유사성이 없는 것 아니라 인과정 유사성이므로 적절하지 않다.

서술형 문제

1.

유비 논증은 두 대상이 몇 가지 점에서 유사하다는 사실이 확인된 상태에서 어떤 대상이 추가적 특성을 갖고 있음이 알려졌을 때 다른 대상도 그 추가적 특성을 가지고 있다고 추론하는 논증이다.

2.

ⓐ의 의미는 '유비 논증에 의해 이끌어내다'의 뜻이다.

3.

신약을 인간에게 안전하게 적용할 수 있다.

 어휘력

1.

① A ② A 반박, B 반격, C 반영, D 반증, E 반추

FACT CHECK 사실적 사고

1. ○ 2. ○ 3. ○ 4. ○ 5. ○ 6. ○ 7. ○ 8. × 9. ○ 10. ○

WORD 이해와 분석

1

① 타율적으로 ② 불이익

학생 : 호의와 폭력의 비유적 표현이란 [당근과 채찍]입니다.

2

① 순종 혹은 획일화 혹은 명령을 반복적으로 수행 ② 미세한 통제가 가해진 신체 활동과 장소의 이동 그리고 일과표

학생 : 훈육이란 [미세한 통제가 가해진 신체 활동, 장소의 이동, 일과표에 의해 생활하는 일]이라는 뜻입니다.

3

① 샤먼 ② 직접 교류

학생 : 통어란 [번역 혹은 통역]이라는 뜻입니다.

4

① 현실적 존재 ② 심미적으로 구성한 것

학생 : 가상이란 [존재의 이미지]라는 뜻입니다.

5

① 몰입 ② 분산

학생 : 이완이란 [현대적인 예술작품을 감상하는 집중적이지 않고 분산적인

관람 방식]이라는 뜻입니다.

6
① 통조림 ② 표준화

학생 : 표준화란 [대중을 지배하기 좋은 획일화된 대상으로 만들어냄]이라는
뜻입니다.

THINKING 추리와 논증

1
① 사이렌의 존재와 사이렌의 마법에 대한 대처 방법 혹은 사이렌의 노래를 듣
지 않는 방법에 해당하는 귀를 밀랍으로 막는 일, 몸을 마스트에 묶는 일 등
② 마법 혹은 사이렌의 노래 ③ A = 해석 혹은 시대

2
① 노동 ② 경제적 토대 ③ B = 노동자

3
① 대중문화 소비자들이 대중문화에서 동일한 것을 원하도록 만듦 ② 대중문
화에 대한 지배력이 누구에게 있는지가 강조됨 ③ C = 지배

4
① 여배우가 아름다운 까닭은 화장품을 소비했기 때문이다. ② 광고 소비자로
하여금 화장품을 구매하게 한다 ③ D = 아름다워진다

5
① 가짜 개성 ② 개성 ③ E = 사이비 개성

6
① 무차별 ② 개성화 ③ F = 성공적인 형식의 반복

7
① 대중은 매번 새로운 문화를 접한다고 오인한다 ② 대중을 오인시키는 대중
음악에서의 상업적 수단 ③ G = 표준화

LOGIC 창의와 사고

1

ⅰ) (나)의 아도르노에 의하면, (가)의 ㉠과 ㉡은 '동일성의 원리'에 해당한다. ㉠의 리메이크 전략은 리메이크 방식이 동일해짐으로써 개성을 잃게 되고, ㉡의 감동은 〈나가수〉화면에 보여진 화면 속 감동을 시청자가 반복한다는 점에서 동일한 감동이라 할 수 있는 것이다. 아울러 ㉢의 경쟁 구도는 자본주의 현실을 그대로 반영하고 있다는 점에서 비정한 자본주의 현실에 기여한다. 자본주의가 주는 피로감을 오락으로 풀고자 했던 시청자는 오락 속에서도 반복되는 자본주의의 원리 앞에서 동일한 피로감을 맛보게 된다.

ⅱ) 아도르노가 말하는 '동일성의 원리'란 특수를 보편으로 흡수해버리는 자본주의 문화산업의 논리다. 〈나가수〉의 '리메이크'는 음악적 깊이를 보여주는 방식이 아닌 다수가 좋아하는 방식으로 편곡된다는 점에서 특수가 보편에 흡수된 사례라 할 수 있다.

ESSAY 주제와 표현

1

시리즈란 "동일한 등장인물이 나오고 유사한 상황과 유형의 특징을 가지는 연속 기획물"을 말한다. 상호텍스트성이란 텍스트가 서로 영향을 주고 받는 것을 말한다. '해리포터 시리즈'란 '해리포터'라는 제목이 붙은 7권의 소설과 그것이 영화와 게임 등 다른 장르로 전환된 것 모두를 총칭하는 이름이다.

수능형 문제

1. 답 ④

정답인 이유

이 글은 현대 대중문화에 대해 비판한 아도르노의 문화산업론에 대해 쓰고 있다.

2. 답 ⑤

정답인 이유

윗글의 아도르노는 대중문화 생산자가 동일성의 원리에 의해 수용자를 소외시 킨다고 말하였으므로 생산자에 대해 부정적임을 알 수 있다. 〈보기〉의 피스크가 대중문화 생산자에 대해 어떤 태도를 보이고 있는지는 나타나 있지 않다.

서술형 문제

1.

독일의 나치 추종자들은 800만 유대인들을 획일화시켜 처형 대상으로 의미 고 정시켰다는 점에서 아도르노가 지적한 동일성의 원리가 홀로코스트에 적용되었 음을 알 수 있다.

2.

윗글에 의하면, 문화산업의 생산물들을 소비자가 소비하는 방식은 생산자가 이 미 장치해 놓은 그대로의 수준으로 반응하는 것을 말하므로 A 같은 소비자가 된다는 것이다. 아울러 A처럼 소비하는 일이란 특별한 추가 노력 없이도 가능하 므로 문화상품을 통한 지적 수준 향상과 같은 일은 일어나지 않을 것이므로 B 같은 소비자가 된다는 것이다.

어휘력

1. 관용어의 의미

① 결혼하다

② 해 줄 사람은 생각지도 않는데 미리부터 다 된 일로 알고 행동한다

③ 결혼하다

④ 헛수고하다

⑤ (시험에) 낙방하다

⑥ 제값보다 비싸게 사다

⑦ (남편에게) 잔소리하다

⑧ 벗어나지 못하다

⑨ 모르는 척하다

⑩ 일을 그르치다

⑪ 한 가지 일에 몰두하다

07 달팽이 더듬이 위에서 티격태격, 와우각상쟁

FACT CHECK 사실적 사고
1. ○ 2. ○ 3. ○ 4. ○ 5. ○ 6. × 7. ○ 8. ○ 9. ○ 10. ○

WORD 이해와 분석

1

① 자식이 커서 부모를 봉양함 ② 어떤 주장이 받아들여지는 과정에서 학습에 의해 관념화되고 이것을 후에는 아무 의심 없이 받아들여 사실처럼 되었기 때문에

학생 : 반포지효란 [효도]라는 뜻입니다.

2

① 유유상종 혹은 초록은 동색 ② 초록은 동색 혹은 유유상종 혹은 가재는 게편

학생 : 초록은 동색이란 [초(草)와 록(綠)은 같은 색이라는 뜻으로 같은 편]이라는 뜻입니다.

3

① 사실적 의미=비가 온 뒤에 홀연히 죽순이 여기저기서 솟는 것을 말함, 비유적 의미 = 어떤 일이 한때에 많이 생겨남을 뜻함. ② 목욕탕이 한때에 많이 생겨남

학생 : 우후죽순이란 [사실적 의미로는 비가 온 뒤에 홀연히 죽순이 여기저기서 솟아남, 비유적 의미로는 어떤 일이 한때에 많이 생겨남]이라는 뜻입니다.

4

① 일찍이 아버지를 여의고 모진 고생함 혹은 거지 신세

② 복

학생 : 박복이란 [복 없음]이라는 뜻입니다.

5

① 자해 행위 ② 생존

학생 : 자절이란 [무척추동물이 위기에 몰렸을 때 취하는 자기 몸의 일부 잘라내기]라는 뜻입니다.

6

① 신품 ② 기법을 따르느냐 넘어서느냐

학생 : 일품이란 [최고 수준]이라는 뜻입니다.

7

① 부화기생 혹은 다른 새의 둥우리에 몰래 알을 낳음 ② 더부살이

학생 : 탁란이란 [다른 새의 둥우리에 알을 낳음]이라는 뜻입니다.

THINKING 추리와 논증

1

① 청색 ② 남색 ③ A = 청출어람

2

① 무장지졸 ② 장수 ③ B = 오

3

① 닭 잡아먹고 오리발 내민다 혹은 모르는 척 딴전 부리다 ② 시치미 혹은 오리발 ③ C = 자기가 해놓고도 아닌 척, 모르는 척하다

4

① 몸집은 왜소한 것이 볼품이 없음 혹은 못생기고 어수룩하며 밉상임 혹은 외양이 잘 어울리지 아니하고 거칠거나 엉성함 ② 못생기고 어수룩하며 밉상

이어서 ③ D = 꺼병이

5
....
① 토끼 죽은 후에는 개마저 삶기느니 ② 영 = 주문(朱門)에 고거사마(高車駟馬)
좋다, 욕 = 토끼 죽은 후에는 개마저 삶기느니 ③ E = 득어망전

6
....
① 거미줄 ② 높으나 높은 나무 ③ F = 호사다마

LOGIC 창의와 사고

1

ⅰ) 토사구팽 ⅱ) 김병하는 김정일이 정권을 잡도록 공헌했지만, 김정일은 정권
을 잡자 더 이상 필요가 없어진 김병하를 제거했기 때문에 토사구팽의 사례라
할 수 있다.

2

ⅰ) 박쥐 ⅱ) 그리움

ESSAY 주제와 표현

1

두더지가 자기 세계를 높이 평가하지 않았다. 그래서 외부에서 결혼 대상을 구
하고자 했다. 자기 세계에 대한 부정으로 출발한 욕망의 구혼여행은 가장 이상
적인 배우자를 만나고자 하는 것이지만, 구하기 어렵다는 점에서 긴 고난의 시
간이었다 할 수 있다. 두더지는 이 고난의 시간을 거치고 난 뒤 성숙해진다. 세상
에 존재하는 모든 것들이란 절대적 우위가 아닌 상대적 우위임을 깨닫게 된다.
이 깨달음 때문에 두더지는 다시 자기 세계로 되돌아온다. 한때 부정했던 자기
세계를 인정하게 된 것이다.

 **수능형 문제**

1. 답 ①

정답인 이유

이 글은 표어의 생산자, 수용자, 형식, 내용상의 특성을 살펴 마지막 문단에서 표어의 개념을 정리하고 있다. 그러므로 본문은 '표어의 개념은 무엇인가'에 대한 답변의 글이라 할 수 있다.

2. 답 ②

정답인 이유

본문의 마지막 단락에 있는 표어의 개념을 참고할 때, 표어는 '정부 및 사회 단체가 대중에게 자신이 주장하고자 하는 내용을 호소하거나 알리는 것'이라고 하였으므로, 〈보기〉의 ㄴ의 생산자는 공공 기관이며 수용자는 대중이다. 따라서 ②는 부적절하다.

 **서술형 문제**

1.

㉠ 알면서도 모르는 척 딴전부리다.

㉡ 뒤늦게 수선피우다.

㉢ 요금이나 물건값을 실제 가격보다 비싸게 지불하여 손해를 보게 하다.

㉣ '시치미 떼다'와 동일한 뜻으로 '알면서도 모르는 척 딴전부리다'.

2.

④는 비유가 아니다. 심장이 위치하는 지점을 뜻한다.

1. 관용어의 의미

번호	관용어	의미
1	귀가 얇다	남의 말을 쉽게 받아들이다.
2	등골이 오싹하다	매우 놀라거나 두렵다.
3	땀을 흘리다	힘이나 노력을 많이 들이다.
4	무릎을 맞대다	서로 가까이 마주 앉다.
5	무릎을 치다	갑자기 어떤 놀라운 사실을 알게 되었거나 희미한 기억이 되살아날 때, 또는 몹시 기쁠 때를 나타냄.
6	발 뻗고 자다	편안히 자다.
7	발로 차다	기회나 차례를 받아들이지 않다(잃다).
8	발목을 잡히다	남에게 어떤 약점이나 단서(端緒)를 잡히다.
9	발을 구르다	매우 안타까워하거나 다급해하다.
10	발이 묶이다	몸을 움직일 수 없거나 활동할 수 없는 형편이 되다.
11	배가 아프다	남이 잘되어 심술이 나다.
12	사람이 되다	도덕적으로나 인격적으로 사람으로서의 자질을 갖춘 인간이 되다.
13	손에 땀을 쥐다	아슬아슬하여 마음이 조마조마하도록 몹시 애달다.
14	손을 내밀다	무엇을 달라고 요구하거나 구걸하다.
15	손을 씻다	부정적인 일이나 찜찜한 일에 대하여 관계를 청산하다.
16	손이 크다	씀씀이가 후하고 크다.
17	입을 모으다	여러 사람이 같은 의견을 말하다.
18	입이 벌어지다	매우 놀라거나 좋아하다.
19	어깨가 무겁다	무거운 책임을 져서 마음에 부담이 크다.
20	얼굴을 맞대다	서로 의견을 주고받다.
21	코가 납작해지다	몹시 무안을 당하거나 기가 죽어 위신이 뚝 떨어지다.

08 다수를 위한
소수의 희생은 정당한가?

FACT CHECK 사실적 사고
1. ○ 2. ○ 3. ○ 4. ○ 5. ○ 6. × 7. ○ 8. ○ 9. ○ 10. ○

WORD 이해와 분석

1
① 똥 ② 기발할 정도로 무섭다

학생 : 엽기적인이란 [매우 이상한]이라는 뜻입니다.

2
① 개인적 차원 ② 공공성과 보편성 혹은 사회의 공동선

학생 : 보편이란 [개별 혹은 특수의 반대 개념으로 다수 혹은 많은]이라는 뜻
입니다.

3
① 의도 ② 고의성의 유무

학생 : 고의란 [행위의 결과를 의식함]이라는 뜻입니다.

4
① 전체주의사회 ② 마땅히 해야 할 일만을 해온

학생 : 통제란 [제한하거나 제약함]이라는 뜻입니다.

5
① 작위 ② 확장해석

학생 : 부작위란 [하지 않음]이라는 뜻입니다.

6

① 이익 ② 불편과 손해

   학생 : 편익이란 [편리와 이익]이라는 뜻입니다.

7

① 전횡 ② 대통령과 사적으로 인연을 맺은 소수

   학생 : 농단이란 [권력을 쥐고 자기 마음대로 함]이라는 뜻입니다.

THINKING 추리와 논증

1

① 극장에서 ② 계속해서 억압될 경우 언젠가는 위험하게 폭발할 수도 있는 감정을 배설시킴 혹은 불순한 감정을 순화시킴 혹은 카타르시스 ③ A = 카타르시스

2

① 갑을 관계 ② 제로섬 게임 ③ B = 보복

3

① 지역발전이라는 이유로 희생당하는 철거민 : 국가안보라는 이유로 희생당하는 강정 주민 ② 노동자, 철거민, 강정 주민 ③ C = 다수

4

① 재료의 맛 하나하나 ② 용광로 모델 – 매우 부정적, 모자이크 모델 – 다소 중립적, 샐러드 볼 모델 – 매우 긍정적 ③ D = 고유성

5

① 우월과 열등 ② 자문화 ③ E = 자문화 중심주의

LOGIC 창의와 사고

1

㉮를 고려할 때, 전제가 참이 아니다. 그러므로 "악은 없애야 한다"라는 결론은 참이 아니다. ㉯에 의하면 A의 논리는 우리나라 국가인권위원회법 제2조 3항에 의거하여 평등권을 훼손시키는 차별 행위라 할 수 있다.

2

폭력인 경우

아들이 아빠보다 육체적으로 우위를 차지하고 있어서 신체적인 상해와 그에 따른 고통이 피해자에게 느껴질 경우, 고의성이 뚜렷한 경우 이는 폭력이라 할 수 있다.

폭력이 아닌 경우

아빠가 아들보다 육체적으로 우위를 차지하고 있어서 아빠에게 아무런 신체적인 상해와 그에 따른 고통이 느껴지지 않을 경우, 아울러 아들에게 아무런 고의성이 없어 아빠가 아들의 주먹질을 장난처럼 여길 경우 이는 폭력이라 할 수 없다.

3

노동자를 경제적으로 궁핍, 곤란, 장애를 주었다 할 수 있으므로 경제적 폭력에 해당한다.

4

폭력인 경우

상대에게 공격을 가하기 위해 돌을 던진 경우라면 상대가 맞지 않았다 할지라도 위협, 공포를 느꼈다면 폭력 행위라 할 수 있다.

폭력이 아닌 경우

돌 던진 자리에 아무도 없어서, 혹은 돌 던진 다음에야 사람이 나타나서 상대에게는 위협, 공포를 느끼게 한 행위가 아닌데, 혹시 상대가 맞을까봐 걱정했다면 이는 폭력 행위라 하기 어렵다.

ESSAY 주제와 표현

1

A는 친구가 지목한 고아원에다 기부해야 한다고 생각한다. 친구의 부탁은 유언 집행인데 이는 법적 행위라 할 수 있다. 따라서 A는 친구의 돈을 자기 돈처럼 자기가 원하는 방식으로 사용해서는 안 된다. 만일 친구가 생전에 변호사 고용을 하여 이 유언 집행에 대해 문서로 혹은 구두로 남겼을 경우가 있을 수 있는데, A가 친구 유언대로 집행했다면 문제가 없지만, 자기 마음대로 '어려운 처지의 고아원'에 기부했을 경우 A는 법적 책임을 져야 하는 곤란한 경우가 발생할 수 있다.

수능형 문제

1. 답 ④

정답인 이유

레비나스는 개별적 존재가 타인의 고통에 관심을 보여야 한다고 말하고 있으므로 '개별적인 존재로서 자립할 것을 주장'했다는 것은 타당하지 않다.

오답인 이유

응보론도 변신론에 속한다 하였으므로 ③ 응보론적 관점에서는 고통을 죄의 대가로 이해한다라는 판단은 적절하다.

2. 답 ③

정답인 이유

'외부의 폭력'에 노출되어 '흔들리고 영향을 받은' 것은 노숙인이지 A가 아니므로 적절하지 않다.

서술형 문제

1.

Ⓐ의 '응보론적'이란 "눈에는 눈, 이에는 이"로 대처하는 것을 말한다. 선한 행위는 선으로 보상 받고, 악한 행위는 악으로 보상 받는다는 논리다.

2.

〈보기〉의 얼굴은 '타인의 얼굴'에 해당한다. 고통 받는 자가 '외부의 폭력'에 무력하게 노출된 채 나에게 도덕적 호소력으로 다가오는 얼굴이다.

 어휘력

1.

① A ② A 대면, B 대립, C 대비, D 대적, E 대처

09 세상을 바꾼 질문

FACT CHECK 사실적 사고
1. ○ 2. ○ 3. ○ 4. ○ 5. ○ 6. ○ 7. ○ 8. ○ 9. ○ 10. ×

WORD 이해와 분석

1
① 열세의 국가 ② 열세

학생 : 패권이란 [정치적·경제적·군사적으로 세계를 지배할 수 있는 능력]이라는 뜻입니다.

2
① 자연에 대한 통제력 부족 혹은 제도적 결함 ② 굶어죽다

학생 : 기근이란 [굶주림]이라는 뜻입니다.

3
① 시해 ② 군주

학생 : 시해란 [군주를 죽임 혹은 왕을 죽임]이라는 뜻입니다.

4
① 수단 ② 자본가와 힘을 겨루다 혹은 노동자가 정치에 눈뜨다

학생 : 파업이란 [노동자가 수행하는 생산·유통·판매·공공서비스를 중지함]이라는 뜻입니다.

5
① '동양을 지배하고 재구성하며 억압하기 위한 서양의 제도 및 스타일'에 교화된 인물 ② 충무로 키드

학생 : 오리엔탈리즘이란 [전근대적인 동양을 지배하고 재구성하며 억압하기 위한 근대적인 서양의 지배 기법]이라는 뜻입니다.

6

① 가상 ② 실재(이데아)

학생 : 그림자란 [우리가 살고 있는 세계를 가리키는 플라톤의 비유로 허상 혹은 가상]이라는 뜻입니다.

THINKING 추리와 논증

1

① 부국강병 ② 시해 ③ A = 백승의 집

2

① 자기애 ② 자연 상태의 인간 ③ B = 제도

3

① 재앙 ② 원인오판의 오류 ③ C = 신의 심판

4

① 가설 추리1. 6, 7층 높이의 건물이 없었다면 피해는 적거나 없었을 것이다.

가설 추리2. 도시가 아니었다면 피해는 적거나 없었을 것이다.

가설 추리3. 옷이나 돈이나 서류를 챙기지 않았다면 피해는 적거나 없었을 것이다.

② 옷이나 서류나 돈을 챙겨 나오지 않았다면 ③ D = 문명 그리고 인간

5

① 비참한 처지에 빠진 ② 출산 통제 ③ E = 과잉인구

LOGIC 창의와 사고

1

① 석유, 철, 구리 등의 자원은 2030년 정도 되면 부족해진다.
  2050년이 되면 인류 문명은 성장의 한계에 부딪쳐 내리막길을 가게 된다.
  2100년이 되면 인류 문명은 멸망한다.

② 인류의 자원 획득 수준이 지금 상태라면 파국이 임박했을지도 모른다. 그러
  나 인간의 지혜와 기술도 함께 성장하는 것이기 때문에 인구가 늘어나도 그
  만큼 농업 발전, 자원 기술 획득, 그리고 자원의 효율적 사용 기술도 같이 발
  달하기 때문에 늘어난 인구를 감당할 수 있다.

ESSAY 주제와 표현

1

① 사이렌의 상징적 의미 : 아름다운 노래로 선원들을 유혹하여 죽음에 빠뜨리
  는 초자연적적 존재들이다.

② 오디세우스의 상징적 의미 : 여신 키르케의 조언을 통해 그들의 존재와 그에
  대한 대처 방법을 알고 있는 자이다.

수능형 문제

1. 답 ⑤

정답인 이유

이 글은 1문단에서 맹자의 '의' 사상이 형성된 배경을 소개하고, 2~6 문단에서
맹자가 제시한 '의'의 의미에 대해 설명하고 있으므로 적절하다.

오답인 이유

이 글은 맹자의 사상에 대해 ① 비판하고 있지 않으며, ② 한계에 대해서도 분석하고 있지 않으며, ④ 현대적 의의에 대해서도 쓰고 있지 않으므로 타당하지 않다.

2. 답 ④

정답인 이유

2문단에 의하면 맹자가 강조한 것은 '의'이므로 ④는 적절하지 않다.

오답인 이유

① 3문단에 의하면, 맹자는 생활에서도 '의'를 실천해야 한다고 했으므로 적절하다. ② 3문단에 따르면, 맹자는 목숨과 '의'를 함께 얻을 수 없다면 "목숨을 버리고 의를 취한다."라고 했으므로 적절하다.

3. 답 ①

정답인 이유

㉠은 성선설에 해당하는 것이므로 "세상의 올바른 이치가 모두 나의 마음 속에 갖추어져 있으니, 수양을 통해 이것을 깨달으면 이보다 큰 즐거움은 없다."라는 ①이 적절하다.

 서술형 문제

1.
ⓐ 수오지심, ⓑ 시비지심

어휘력

1.
① A ② A 견리사의, B 호사다마, C 등고자비, D 사필귀정, E 타산지석